Irmtraut Huneke · Richard Aidoo
Ticket zum Himmel

Irmtraut Huneke
Richard Aidoo

# Ticket zum Himmel

Leben mit Vergebung,
Liebe und Freude

Herausgeber:
New Life Church
Albertstraße 83, 40233 Düsseldorf
Email: richardaidoo@gmail.com
www.newlifechurch-duesseldorf.org

2. Auflage März 2013
© 2012 by New Life Church, Düsseldorf.
All rights reserved.

ISBN 978-3-00-041108-3

Die Bibelzitate für den zweiten Teil
wurden der „Hoffnung für alle",
© 2011 Brunnen Verlag, entnommen.

Satz/DTP: Jens Wirth
Druck: cpibooks/Printed in the EU

Umschlaggestaltung: joussenkarliczek, Schorndorf
(unter Verwendung zweier Fotos von © iStockphoto,
Fotograf: monap und © Thinkstock/iStockphoto)
Portraitfotos:
Irmtraut Huneke: © Bruno Löffel
Richard Aidoo: © Manuela Krause

# Inhalt

**Vorworte** ............................................................................ **9**
    Walter Heidenreich ............................................................. 9
    Günther Klempnauer .......................................................... 11
    Michael Kisskalt ................................................................. 13

**Einstieg – Richard Aidoo** ............................................. **15**
    Auf der Suche nach Heilung entstand Freundschaft –
    Irmtraut Huneke ................................................................ 17
    Meine Geschichte und mein Anliegen – Richard Aidoo .... 20
    Idea-Bericht vom 12.12.2012 ........................................... 27

**Teil 1: Irmtraut Huneke**
**Leben ein Gewinn – sterben als Gewinner!** ............ **29**
    Vorgeschichte ................................................................... 31
    Ochsentour ....................................................................... 33
    Geliebt ............................................................................... 35
    Weihnachten .................................................................... 36
    Was wir glauben ............................................................... 37
    Ostern ............................................................................... 39
    Leukämie .......................................................................... 39
    Männer sind anders – Frauen auch .................................. 46
    Zwischen Konflikt und Kompromiss .................................. 47
    Werte ................................................................................ 48
    Halloween ......................................................................... 50
    Zeit planen ........................................................................ 53
    Segen im Krankenhaus ..................................................... 54
    Martins Schlaganfall ......................................................... 55
    Lesung .............................................................................. 61

Lokale Bündnisse für Familien .................................................. 62
Bedeutung der Familie – Familienzentren ........................ 64
Familie .......................................................................................... 66
Neugeborenenempfang/Nachtreffen ............................... 68
Wichtige Grundbedürfnisse ................................................. 69
Typen und Temperamente ................................................... 69
Reisen ........................................................................................... 71
Freiheit ........................................................................................ 71
Eheseminar ................................................................................ 73
Martins Dankesbrief ............................................................... 73
Veränderter Tagesablauf ...................................................... 75
Gewissheit .................................................................................. 77
Wertschätzende Kommunikation ..................................... 79
Sonniger Süden ........................................................................ 82
Himmlisches .............................................................................. 84
Austausch ................................................................................... 85
Freude .......................................................................................... 86
Reich ............................................................................................. 87
Unser letzter Urlaub ............................................................... 89
„Ewig bei Jesus" ....................................................................... 92
Nachruf „Ein Mann, den Lüdenscheid nicht
vergessen wird." ...................................................................... 94
Danksagung ............................................................................... 96
Ohne Martin .............................................................................. 102
„Sterben als Gewinner" ........................................................ 106
„Wie eine Kerze langsam ausgehen" (aus *Idea*) ........ 110
Vergebung .................................................................................. 113
Versöhnung ............................................................................... 115

Segen .................................................................. 117
Einladung zum 70. Geburtstag ............................. 119
„Engagierte Christin" – *Lüdenscheider Nachrichten* ........... 120
Gratulationsrede von Prof. Dr. W. Leisenberg ............ 123
Dankesbrief ........................................................ 126
Segensspuren .................................................... 127
Ticket zum Himmel ............................................ 129
Himmlische Gespräche ...................................... 132
Schlußwort ........................................................ 135

**Teil 2: Richard E. Aidoo**
**Erfülltes Leben durch Vergebung** ............................ 139
  Jesus spricht .................................................. 143
  Wir sind verzagt, er ermutigt ........................... 144
  Jesus unser Vorbild ......................................... 145
  Wir sind gerufen und auserwählt .................... 147
  Angst? ............................................................. 149
  Judas ............................................................... 150
  Petrus ............................................................. 153
  Unversöhnlichkeit .......................................... 154
  Aber …! Umgang mit Verletzungen ................ 155
  Erste Reaktion: Flucht ..................................... 157
  Zurück zum Anfang ......................................... 160
  Gott beauftragt und beschenkt Adam ............ 161
  Gottes Wort ist Wahrheit ................................ 165
  Vergebung ...................................................... 167
  Unser Richtgeist ............................................. 171
  Wie Gott vergibt ............................................. 175

Sühne im Alten Testament .................................................. 177
Der grosse Versöhnungstag .............................................. 179
Die Tempelreinigung ......................................................... 185
Was bedeutet Jesu Opfer? ................................................. 187
Vergeben wie Jesus ............................................................ 188
Wie Jesus heilt .................................................................... 191
Jesus und die Ehebrecherin .............................................. 194
Die Frau am Jakobsbrunnen ............................................. 196
Jesu Liebeserklärung ......................................................... 202
Gott hasst die Sünde, aber er liebt den Sünder .............. 209
Erfahrungsbericht .............................................................. 214
New Life Church – Wie alles begann ............................... 226
Christo VIVE – Christus lebt .............................................. 227
Anhaltendes Gebet bringt Frucht .................................... 228
Wollen wir auch frei sein? ................................................. 231
Segen ................................................................................... 233

# Vorworte

## Vorwort zu Teil 1 von Walter Heidenreich

Über viele Jahre sind Martin & Irmtraut Huneke mir und meiner Frau sowie der FCJG-Gemeinschaft zu wirklichen Freunden und Wegbegleitern geworden. Ihre Liebe zu Gott und Menschen sowie zum Volk Gottes aller Konfessionen haben mich immer wieder tief beeindruckt und auch inspiriert.

Nachdem Martin nun schon sein Ticket zum Himmel eingelöst hat, ist Irmtraut weiterhin ein lebendiges Zeugnis der Liebe Gottes. Die versprüht sie buchstäblich überall, wo sie hinkommt mit unglaublichem Einsatz und Kreativität.

Das vorliegende Buch inspiriert und motiviert, Gott zu suchen und nicht aufzuhören, bis man ihn gefunden hat, um ihn kennen zu lernen, wie er wirklich ist. *Ticket zum Himmel* ist ein Buch, das jeden ermutigt, der es liest, und es ist ein ideales Geschenk. Mögen sich dadurch viele Menschen ein Ticket zum Himmel sichern, um es dann segens- und siegreich einlösen zu können.

## Vorwort zu Teil 2

Das vor Ihnen liegende Buch von Pastor Richard Aidoo zum Thema Versöhnung ist ein Werk, das grade in unserer Zeit die überaus wichtige Botschaft der Liebe und Barmherzigkeit Gottes vermittelt. Es ist aus der Begleitung von Menschen durch die New Life Church in Düsseldorf und des weiteren Umfeldes von Pastor Richard Aidoo entstanden, die alle durch die Kraft des Evangeliums wiederhergestellt wurden. Pastor Richard Aidoo ist ein integrer Mann des Glaubens und ein Ermutiger in unseren Tagen – auch ich profitiere immer wieder von dieser Gabe der Ermutigung.

Ich kenne Richard und Sigrid Aidoo sowie ihre wunderbaren Kinder seit vielen Jahren. Er ist mir ein guter Freund geworden, und ihr Dienst in der *New Life Church* in Düsseldorf ist – soweit ich das in Deutschland sehen kann – einzigartig. Jeden Sonntag kommen in mehreren Gottesdiensten Hunderte von Menschen aus unterschiedlichen Kulturen und Nationen zusammen, um Gott die Ehre zu geben. Dabei sind Versöhnung mit Gott, sich selbst und den Menschen ein wesentlicher Schlüssel, um der Kraft Gottes Raum zu geben und sie sichtbar werden zu lassen. Diese Gemeinde und ihr Dienst sind beispielhaft für die Integration von Menschen unterschiedlicher Kulturen, Sprachen und Nationen in Deutschland. Familie Aidoo und die Freunde der New Life Church in Düsseldorf sind nicht nur von Herzen engagiert, sondern auch ein Vorbild für viele Christen: hier wird die Liebe Gottes sichtbar und findet ihren Ausfluss im Alltag.

Ich möchte Sie ermutigen, dieses Buch ganz zu lesen und es weiter zu empfehlen. Gott segne Sie dabei mit seiner kreativen Liebe und Versorgung.

**Walter Heidenreich**

Leiter der FCJG Lüdenscheid, *Horizont, Internationaler Referent* und Autor verschiedenster Bücher, wie unter anderen: Wenn Träume wahr werden!

## Vorwort zu Teil 1 und 2 von Günther Klempnauer

Sie ticken wohltuender und menschenfreundlicher als viele Andere, dachte ich, als wir uns vor 20 Jahren nach meinem Vortrag im Rahmen des Gesprächsforums „Leben + Glauben" erstmals begegneten. Das charmante Ehepaar Irmtraut und Martin Huneke beschenkte mich mit Zuneigung, Begeisterung und Anerkennung. Diese liebevolle Wahrnehmung beruht auf Gegenseitigkeit bis auf den heutigen Tag.

Martin ist zwar seit drei Jahren nicht mehr auf dieser Welt, aber seine Spuren bleiben wirksam und vertiefen sich im vorliegenden Buch, das Irmtraut und Richard mit viel Herzblut geschrieben haben.

Ich stelle mir vor: Martin schaut vom Himmel herab und ermutigt uns: „Das Schönste kommt noch, wartet ab." Nicht Abschiedsschmerz, sondern Erwartungsfreude bestimmt den Lebensalltag von Irmtraut, für die der Himmel schon hier auf Erden beginnt. Und Richard, braucht man nur in die Augen zu schauen um zu wissen, wer sein Auftraggeber ist.

Mit dem Apostel Paulus bekennt er: „Wir sind Botschafter an Christi statt. Lasst euch versöhnen mit Gott." Zusammen mit seiner Ehefrau leitet er die New Life Church. Als erfahrener Seelsorger weiß er, wie wichtig die Botschaft der Vergebung ist. Ergreifend ist auch die Vergebungsgeschichte seiner Mitarbeiterin. Ein Engel aus der Hölle. Auf diesen Himmelston ist dieses Buch abgestimmt.

47 Jahre waren Irmtraut und Martin verheiratet, nicht immer der Himmel auf Erden, aber immer wieder: Liebende leben von der Vergebung und der gegenseitigen Annahme trotz mancher charakterlicher Verschiedenheit. Darin sahen sie eine positive Herausforderung und kreative Ergänzung für ihren gemeinsamen Dienst. „In Gottes Augen sind wir Christen Diamanten und müssen nur noch geschliffen werden", sagte Martin. Und so sahen sie sich selbst und ihre Glaubensgeschwister.

Näher gekommen bin ich Martin im Hilchenbacher Rehabilitationszentrum, wo er sich von seinem schweren Schlaganfall erholte. Wir haben oft um Heilung gebetet und trösteten uns mit Jesu Zusage: Lass dir an meiner Gnade genügen, denn meine Kraft ist in dem Schwachen mächtig."

Bewundert habe ich an dem Ehepaar Huneke stets ihre Anteilnahme und Begeisterung für missionarische Aktionen. Darum ermutigten mich beide immer wieder, die Großen dieser Welt mit der Christusbotschaft bekannt zu machen.

Unvergessen bleibt mir eine Szene im Festsaal des Steigenberger Grandhotel auf dem Petersberg bei Königswinter. Im Plenum werden die 500 geladenen Gäste gefragt, was sie unter Heimat verstehen. Irmtraut Huneke meldet sich zu Wort und sagt unter anderem: „Mein Mann ist unheilbar krank. Wir sind dabei, uns von einander zu verabschieden. Unsere Heimat ist letztlich im Himmel." Atemlose Stille. Niemand widerspricht.

In seinem Vortrag greift der Referent Florian Langenscheidt die himmlische Dimension von Heimat auf und bekennt, diese in seinem Vortrag nicht zu haben. Im anschließenden persönlichen Gespräch überreicht Irmtraut ihre Visitenkarte „Ticket zum Himmel". Schade, dass damals der gleichnamige Fahrplan noch nicht vorlag, dann hätte der Erfolgsautor Langenscheidt sein „Handbuch zum Glück" mit einigen Glaubensimpulsen aus dem Buch „Ticket zum Himmel" anreichern können.

Wir sollten uns ein Beispiel an den Autoren dieses Buches nehmen und Reisenden freudig Auskunft geben über die Verbindung zum Himmel. Wir Christen können mit Novalis bekennen: „Wohin gehen wir? Immer nach Hause."

**Günther Klempnauer**

Theologe, Pädagoge, Journalist
Autor verschiedener Bücher, Fernsehmoderator bei K-TV

## Vorwort zu Teil 2 von Michael Kisskalt

Das Evangelium ist eine große heilsame Kraft, die jeder erleben kann. Richard erzählt in diesem Buchteil einfach die Geschichte Gottes mit seinen Menschen und verbindet sie mit unserem Leben: Geschichten aus dem Alten Testament, Geschichten mit den Propheten, mit Jesus und mit den Aposteln. Allein dadurch, dass wir diese Geschichten hören und lesen, werden wir von Gottes Geist angerührt.

Richard kann in seinen Predigten vielen Menschen helfen, weil er die Geschichten der Bibel zu Wort kommen läßt. Dass wir Menschen verletzen und sie uns verletzen, davon erzählt auch die Bibel. Sie redet aber auch davon, dass Gott grösser ist als all das Böse, das wir tun oder erleiden. Gott vergibt, Gott heilt. Dass wir Menschen angesichts des Bösen lieber zurückschlagen oder uns wie ein verletztes Tier verkriechen, davon können auch die Menschen im Alten und Neuen Testament ein Lied singen. Aber sie singen auch davon, dass Gott ihren Zorn überwindet und sie aus ihrem Loch herausholt. All diese Geschichten erzählt Richard in seinem Buch, und allein deswegen wird Gott uns als Leser anrühren.

Richard spricht und schreibt diese Worte nicht als ein distanzierter Lehrer. Er fühlt mit den verwundeten Menschen mit, er leidet mit, ganz nach dem Vorbild Jesu. Und weil er so mitfühlt, kann er die Liebe Gottes einfühlsam zusagen. Hier spricht ein Seelsorger, der biblische Lehre einfühlsam weitergibt, als Nahrung für die Seele.

Wir brauchen keine Angst zu haben, wenn Gott die Ängste und Verletzungen unserer Seele aufdeckt. Gott deckt nicht auf, um zu bestrafen und noch mehr zu verwunden. Gottes heilende Hand berührt unsere wunden Stellen und wir merken, wie seine Liebe uns heilt und uns fähig macht, zu vergeben und zu lieben. So macht das Leben wieder Spass. So haben wir wieder Kraft und Lebensfreude. Das wird ein jeder Leser dieses Buches erfahren.

**Pastor Michael Kisskalt**

Bund Evangelisch-Freikirchlicher Gemeinden in Deutschland
Theologisches Seminar Elstal (FH)
Referent für Evangelisation und Internationale Gemeinden,
Dozent für Missiologie

# EINSTIEG

Am Donnerstag, dem 28. Oktober 2009, traf ich mich um 14.15 Uhr mit Martin und Irmtraut Huneke zu einem Bibelgespräch. Martin begann, mit mir über Matthäus 26, 52 zu reden. Dort steht: „Doch Jesus befahl Petrus: „Stecke dein Schwert weg! **Wer Gewalt anwendet, wird durch Gewalt umkommen."**

Durch dieses Gespräch und die Bibelstelle inspirierte mich Gottes Geist, ein Buch zu schreiben. Ich widme meinen Teil **Martin, seiner Frau Irmtraut und auch meiner Frau Sigrid.**

Am 4. Dezember 2009 ging Martin heim zum himmlischen Vater. Dort wird er das sehen und erfahren, was er geglaubt hat.

Er hinterlässt uns viele weise und ermutigende Worte, z. B.: **„Wir sind alle Diamanten, wir müssen nur noch geschliffen werden."**

Aus Irmtrauts Vorwort ist nun ein erster Buchteil geworden. Sie erzählt aus ihrem gemeinsamen Leben und Sterben mit Martin. Aber auch, wie es für sie alleine weitergeht.

Danach folgen meine Geschichte, meine biblische Auslegung zum Thema Vergebung und der Erfahrungsbericht einer jungen Frau dazu.

Möge Gott dieses Buch dazu nutzen, Unversöhnlichkeit und Bitterkeit aus unseren Herzen zu vertreiben, damit wir frei durch Vergebung, Liebe und Freude leben können.

**Richard Aidoo**

**DANK** sagen wir allen, die bei der Entstehung des Buches mitgewirkt haben. Sei es durch das Schreiben eines Vorwortes, ein ermutigendes Gespräch oder das Lesen des Manuskriptes. Unser besonderer Dank gilt jedoch Trudi Gierlichs. Sie hat als Diplomübersetzerin nicht nur Richards Buchteil (Original englisch) übersetzt und überarbeitet, sondern auch an Irmtrauts Konzept wesentlich mitgewirkt.

**Richard Aidoo und Irmtraut Huneke**
März 2013

**Irmtraut und Martin Huneke**

## Auf der Suche nach Heilung entstand Freundschaft

Als wir Richard Aidoo kennenlernten, hatte mein Mann Martin schon eine Leidensgeschichte hinter sich. Anfang 2006 war er an Leukämie erkrankt.

In dieser Zeit leitete er mit einem Team Männergruppen. So wurde es ihm wichtig, dass diese Männer, Freunde des *Geprächsforums Leben + Glauben* sowie *Christen in der Wirtschaft* und natürlich auch unsere Gemeindepfarrer, für ihn nach Jakobus 5, 13-16 um Heilung beteten.

Dort heißt es nach Luther: „Leidet jemand unter euch, der bete; ist jemand guten Mutes, der singe Psalmen. **Ist jemand unter euch krank, der rufe zu sich die Ältesten der Gemeinde, dass sie über ihm beten und ihn salben mit Öl in dem Namen des Herrn.**
Und das Gebet des Glaubens wird dem Kranken helfen, und der Herr wird ihn aufrichten; und wenn er Sünden getan hat, wird ihm vergeben werden.
Bekennet einer dem anderen eure Sünden und betet für einander, dass ihr gesund werdet. Des gerechten Gebet vermag viel, wenn es ernstlich ist."

Es kamen zwölf Männer zu uns. Für die meisten war das Gebet und die Salbung mit Öl eine berührende Ersterfahrung.
So ging Martin getrost zur Chemotherapie ins Krankenhaus. Die Behandlung zog sich ohne große Komplikationen mit Unterbrechungen bis zum Sommer hin. Im Juni hielten wir dann wieder gemeinsam einen Vortrag, nahmen unsere ehrenamtlichen Aufgaben gemeinsam wahr und konnten weitere Pläne verwirklichen.

Ende Februar 2007 lautete dann die Diagnose nach einem schweren Schlaganfall: „Schwerstbehinderung oder Tod". Das war der schwerste Tag in meinem Leben, den Martin gar nicht so wahrnehmen konnte. Ich habe viel geweint und überlegt, wer uns wie helfen könnte. So bat ich per Telefon und Mail Freunde um Gebet. An anderer Stelle berichte ich ausführlicher darüber.

**Nach diesem Schlag wurde Heilung unser besonderes Thema.** Alles, was medizinisch und therapeutisch möglich war, nahmen wir in Anspruch. Aber wir glauben auch an göttliche Heilung. So fuhren wir vorwiegend mit unserem Enkel Jörn, aber auch mit Freunden zu unterschiedlichen Heilungsgottesdiensten. Wir erlebten bei Martin schrittweise Verbesserung und bei einigen vollständige Heilung.

Bei einem Männertag der FCJG (Freie Christliche Jugendgemeinschaft) auf dem Gebetsberg in Lüdenscheid lernten wir Richard Aidoo Anfang 2009 kennen, der für Martin betete. Später lasen wir in „Charisma" einen Bericht über seine Gemeinde in Düsseldorf und seine Aussage, **dass die meisten Gemeinden wie Krankenhäuser sind.** Daraufhin besuchten wir mit Freunden seinen Ostergottesdienst 2009. Dort hörten wir seine Frau Sigrid predigen, und Richard setzte sich zu Martin und betete für ihn. Zwischen den beiden entstand eine besondere Beziehung. Richard besuchte uns von da an fast wöchentlich.

An unseren Geburtstagen kamen Richard und Sigrid mit ihren beiden Söhnen zum Feiern. Richard hielt immer eine kurze Rede, die von uns ergänzt wurde und mit Gesang endete. Es entwickelte sich eine gemeinsame Freundschaft und bei

Richard die Idee für dieses Buch. Bei jedem Besuch lasen wir in der Bibel und beteten miteinander und füreinander, besonders natürlich für Martin. Denn er war häufig enttäuscht, dass er körperlich nicht geheilt wurde. Seine Frage war oft: **"Warum werde ich nicht geheilt?"**

Eine große Traurigkeit überfiel ihn zeitweise. Ich sagte dann die Worte, die Petrus zu Jesus gesagt hat: „Wohin sonst sollten wir gehen? Nur du hast Worte des ewigen Lebens." Joh. 6,68. Auch über Hiob dachten wir gemeinsam nach. Wir hatten viel Gutes miteinander erlebt – sollten wir nun nicht auch das Schwere mit Gott durchleben? Gemeinsame Interessen und vor allem gemeinsame Ziele bestimmten unser Leben. Jetzt setze ich mich alleine oder mit unterschiedlichen Teams dafür ein.

Martin freute sich auf jede Begegnung mit Richard. Er wurde gestärkt und ermutigt, es tat seinem Inneren gut. Aus unserem Freundeskreis kamen Margit und Ute später noch dazu und ergänzten unseren Gesprächs- und Gebetskreis. Sie waren auch beim letzten Besuch am Mittwoch dabei, bevor Martin am Freitag, den 4.12. 2009 einschlief. Sie konnten alle bewusst von ihm Abschied nehmen. *Ewig bei Jesus* steht auf Martins Grabstein.

**Sigrid und Richard Aidoo**

## Meine Geschichte und mein Anliegen.

Zunächst möchte ich einiges aus meinem Leben erzählen. Ich wurde am 24. November 1960 in Ghana geboren Mein Vater war Pastor einer Pfingstgemeinde und meine Mutter Bäckerin. Bei uns zu Hause gab es also immer das tägliche Brot – sowohl von meinem Vater als auch von meiner Mutter. Es war immer viel los zuhause. Mein Vater brachte uns sehr früh das Wort Gottes bei. Er lehrte uns, Bibelstellen auswendig zu lernen. Er sagte, aus dem Wort Gottes erhalten wir Kraft. Ich sehe das auch so. Ich weiß, dass Gottes Wort lebendig ist und „schärfer als jedes zweischneidige Schwert. Es dringt durch, bis es scheidet Seele und Geist, auch Mark und Bein. Es ist ein Richter der Gedanken und des Herzens." (Hebr. 4,12)

**Gottes Wort ist stets mein Ratgeber.** Es gibt mir Kraft und zeigt mir den Weg. Ich bin froh, dass ich damals so viel auswendig lernen musste, so habe ich bis heute viele Bibelstellen stets abrufbar. Als ich 15 Jahre alt war, stand für mich fest, dass ich Gottes Wort verkünden will. In jungen Jahren erzählte ich in Afrika bereits allen, die es hören wollten, von Jesus. Ich stand morgens früh bei uns in der Siedlung und predigte. Im Alter von 16 predigte ich dann im Bus. Ich stieg ein, kaufte mir eine Fahrkarte bis zur Endhaltestelle, und als der Bus dann losfuhr, fing ich meine Predigt an. Ich wusste, dass die Fahrt etwa eine Stunde dauert und dass die Menschen nicht vorher aussteigen konnten. Auf dem Rückweg machte ich es dann wieder genauso.

Wie gesagt, ich wusste sehr früh, dass ich Gottes Wort verkünden werde. Ich wusste auch ziemlich früh, dass ich in die Welt reisen sollte. 1989 erhielt ich überraschend ein Visum für Deutschland, denn weder hatte ich alle Angaben im Antragsformular ausgefüllt, noch hatte ich das nötige Geld. Aber ich sagte zu Gott: **„Wenn du möchtest, dass ich dorthin gehe, dann wird es klappen."** So war es dann auch. In Düsseldorf angekommen, schloss ich mich in einem billigen Hotelzimmer ein und betete und fastete eine Woche lang. Erst danach verließ ich das Hotelzimmer. Für mich war und ist Gebet das A und O. Heute noch bete ich mehrere Stunden am Tag. Ich ziehe mich dann alleine mit Gott zurück und bringe alles vor ihn. Damals begegnete ich Pfarrer Gerhard Gericke, dem damaligen Superintendent der evangelischen

Landeskirche in Düsseldorf, und er half mir bei allem, was ich brauchte für meinen weiteren Aufenthalt in Deutschland.

Meine Vision war und ist es, dass Menschen aller Nationen, aller Sprachen und aller Hautfarben Gott gemeinsam anbeten und erkennen, wie gnädig und liebevoll er ist. Ich möchte, dass wir hier auf Erden für den Himmel üben. Dort werden alle Nationen und Kulturen vertreten sein. Wir haben die große Chance, uns auf Erden dafür vorzubereiten.

1990 habe ich dann meine wundervolle Frau Sigrid geheiratet. Sie stammt aus Chile und kam nach Deutschland mit JMEM (*Jugend mit einer Mission*). Gott führte uns zusammen und bald merkten wir, dass wir die gleiche Vision haben. Inzwischen haben wir 2 Söhne, Michael (19) und Chris (17), und halten immer noch als Familie an Gottes Vision fest. Im Jahre 1991 gründeten wir die *New Life Church* (damals *New Life Fellowship*).

**Wir fingen als kleine Hausgruppe an – 5 Leute – und trafen uns jeden Sonntag woanders oder bei uns zu Hause.** Die Gemeinde wuchs, und Gott tat immer mehr hinzu. **Heute versammeln sich Menschen aus über 41 Nationen** in unseren Räumen in der Albertstraße 83 in Düsseldorf. Wir feiern an 3 Wochentagen Gottesdienst, an jedem Donnerstag ist es ein Heilungsgottesdienst. Ich glaube, dass Jesus auch heute noch heilt. Immer wieder erleben wir Heilungen und Wunder in den Gottesdiensten. Sonntags finden bei uns 6 Gottesdienste in Englisch, Französisch, Spanisch, Farsi (Persisch), Kurdisch und Deutsch statt.

Meine Frau leitet jeden Sonntag den Morgengottesdienst für spanischsprechende Gottesdienstbesucher. Michael und Chris leiten in diesem Gottesdienst das Lobpreisteam und sind als

Dolmetscher für Spanisch, Deutsch und Englisch zuständig. Seit fünf Jahren gibt es in der *New Life Church* auch einen Gottesdienst für Iraner, Afghanen und Iraker, die zum christlichen Glauben übergetreten sind. Zum Teil sind es Moslems, die Jesus begegnen und ihr Leben von ihm verändern lassen.

Der Gottesdienst entstand dadurch, dass eine krebskranke Iranerin an einem Wochentag zu uns in die Gemeinde kam, gestützt von ihren beiden Schwestern. **Sie hatte gehört, dass Jesus heilt** und kam zu uns in der Hoffnung, dass er auch sie heilen wird. Der Tumor in ihrem Bauch war nicht mehr operabel.

Die Ärzte hatten die Chemotherapie beendet und sie hatte schon alle Haare verloren. Sie war abgemagert und hatte keine Kraft mehr, allein zu stehen oder zu laufen. Irgendwie war es so, als ob sie nur noch auf den Tod wartete, doch sie hoffte, dass Jesus ihr helfen würde. Wir haben für sie gebetet. Wir baten sie immer wieder zu kommen und haben unaufhörlich für sie gebetet – in der Gemeinde, aber auch privat. **Und Jesus heilte sie.**

Sie kommt immer noch jeden Sonntag in die Gemeinde. Sie bringt dann immer ihren Ehemann und die beiden Söhne mit. Die gesamte Familie glaubt mittlerweile an Jesus. Ihre Haare sind wieder nachgewachsen, sie ist eine gesunde, hübsche Frau geworden. Jesus hat sie komplett wiederhergestellt. Sie hat allen erzählt, was Jesus für sie getan hat, und immer mehr Iraner und Afghanen fingen an, in unser Gotteshaus zu kommen. Auch sie wollten Jesus begegnen. Auch sie wollten Wunder erleben. Und Gott ließ niemals auf sich warten. Heute noch finden die meisten Heilungswunder im persischen Gottesdienst statt. Wir beten nur, aber Jesus vollbringt Wunder über Wunder.

Wir bieten Glaubensgrundkurse für Moslems bzw. ehemals Moslems an, damit sie Jesus kennenlernen. Zusätzlich bieten wir in der Gemeinde Beratung für Flüchtlinge und Migranten an. Dort können sie alle Briefe und Sorgen zu uns bringen, und wir beraten sie nicht nur in der Gemeinde, sondern begleiten sie auch zu den Ämtern, zum Gericht, zum Ausländeramt und überall, wo sie Hilfe brauchen. Viele Menschen, die Jesus begegneten, arbeiten ehrenamtlich als Dolmetscher und Helfer bei uns mit. So danken sie Jesus.

**Manchmal schlafen Menschen draußen vor der Kirchentür,** und das nur, damit sie den Gottesdienst nicht verpassen. Sie sagen uns dann, dass sie von Jesus gehört haben und unbedingt mehr über ihn wissen wollen. Einmal kam eine junge deutsche Frau in die Gemeinde während eines Sonntagsgottesdienstes. Sie war vollgepumpt mit Heroin und sagte: „Ich möchte eine Bibel. Ich will, dass Jesus mir hilft. Er ist meine letzte Rettung." Sie erzählte uns dann, dass sie übers Wochenende für 300 € Drogen konsumiert hatte und ihr Leben nicht mehr so weiter gehen konnte.

**Iraner, die eine Begegnung mit Jesus hatten,** gründeten dann auch eine Kleider- und Möbelkammer bei uns. Hilfsbedürftige können sich dort aussuchen, was sie brauchen. Flüchtlinge, die in Deutschland noch nicht arbeiten dürfen, kommen tagtäglich in die Gemeinde und arbeiten im Garten, im Hausmeisterteam oder kochen ganz einfach zusammen und genießen die Gemeinschaft in Gottes Haus. Die Menschen sind dankbar, dass Jesus sie so nimmt, wie sie sind und dass sie eine Kirche gefunden haben, in der sie willkommen sind.

Meine Familie und ich reisen auch nach Amerika, Frankreich, Holland und Südamerika und predigen dort und hier in vielen Gemeinden. Wir wollen den Menschen helfen, Jesus zu finden. Wir möchten, dass wir alle wieder auf ihn schauen, dass sie wachsen und ihre Berufungen entdecken, damit auch sie den Sendungsauftrag ausführen können.

**Ich persönlich liebe es, durch ganz Deutschland zu reisen** und für Menschen im Krankenhaus und im Hospiz zu beten. Heilung und Gebet ist für mich sehr wichtig. Auch meine Frau ist eine inständige Beterin und liebt die internationale Frauenarbeit. Als Familie beten wir oft gemeinsam. Es ist ein Traum von Sigrid und mir, dass christliche Gemeinden zu einem Ort werden, wo alle Menschen sich willkommen fühlen. Ein Ort, wo die Tür offen steht für alle Kulturen, Hautfarben und Bildungsschichten, offen für Millionäre und Obdachlose. Aus diesem Grund geht eine Gruppe von Mitarbeitern jeden Freitag in die Düsseldorfer Innenstadt und verteilt dort Essen und Kleidung an Obdachlose. Es ist interessant zu sehen, wie diese Migranten den deutschen Obdachlosen mit Wort und Gebet und Tat dienen. Es finden tolle Begegnungen statt.

Wie soll es weitergehen? Die Gemeinde ist längst zu klein für all das, was wir noch vorhaben. Mitarbeiter werden weiter befähigt, ihre Berufungen zu entdecken, damit auch sie im Reich Gottes mitarbeiten können. Wir planen noch weitere fremdsprachige Gottesdienste. **Die Vision, die wir von Gott erhalten haben – ich in Ghana und meine Frau in Chile –** erfüllt sich immer mehr, Gott sei gepriesen dafür! Wir sind dankbar dafür, dass wir in Deutschland leben und dienen dürfen. Wir sind dankbar, dass Gott uns hierher gebracht hat und dass unsere Kinder hier aufwachsen dürfen. Wir freuen uns über die Versöhnung, die zwischen deutschen und ausländischen Gemeinden und Geschwistern stattfindet. Wir möchten uns bei allen bedanken, denen der multikulturelle *Leib Christi* ebenfalls ein Anliegen ist.

Zum Schluss möchte ich jeden einladen, mit uns zusammen **täglich nur 5 Minuten für Deutschland zu beten.** Täglich 5 Minuten Gebet für Deutschland! Diese Initiative ist nicht nur für ausländische Christen gedacht, sondern für jeden, der Deutschland liebt, in Deutschland lebt oder eine Erweckung aus dem geistlichen Schlaf hier in Deutschland erleben möchte. Täglich 5 Minuten Gebet! Wenn jeder Deutsche das tut, dann bringen wir Deutschland gemeinsam vor Gott und „treten in den Riss" für Deutschland und seine Bewohner, für mehr Wunder in Deutschland, für Kinder, alte Menschen und dafür, dass die Erschöpfungswelle, die überall spürbar ist, sich in Kraft und Frieden verwandelt. Es gibt so Vieles, wofür wir beten können!

Machen Sie mit? Werden Sie jeden Tag 5 Minuten für eine bestimmte Person oder eine Personengruppe oder für das Land und seine Regierung und für die gesamte Bevölkerung beten? Dann kontaktieren Sie uns! Wir setzen Sie als Gebetsgruppe auf die Gebetsliste und beten täglich für Sie.

Mehr dazu können Sie unter http://5minuten.vpweb.de/ nachlesen.

Möge der Herr Sie segnen.
**Richard E. Aidoo**

Dieses Anliegen kann Richard nun auch im Hauptvorstand der Evangelischen Allianz vertreten. Folgender Artikel stand dazu in:

*Idea am 12.12.2012*

Die Deutsche Evangelische Allianz reagiert auf den Wandel in Kirche und Gesellschaft mit der Berufung von 13 Personen in ihren Hauptvorstand, die für diese veränderte Situation stehen:

Sie vertreten Charismatiker, Migranten, Jugend- und Frauenbewegungen. „Wir stärken unser evangelisches und evangelikales Profil dank der Menschen, die unserer Berufung gefolgt sind", teilte der Vorsitzende Michael Diener mit ...

**Erstmals ein Afrikaner dabei**
Künftig ist ebenso ein afrikanischer Pastor im Hauptvorstand vertreten: der Baptistenpastor Richard Aidoo. Der gebürtige Ghanaer hat 1990 die internationale New Life Church in Düsseldorf gegründet und leitet sie zusammen mit seiner aus Chile stammenden Ehefrau Sigrid. In der Gemeinde finden sonntags sechs und an jedem Wochentag ein Gottesdienst statt. Die Gemeinde ist die geistliche Heimat von Christen aus 41 Nationen.

# Teil 1

## Irmtraut Huneke

## Leben ein Gewinn – sterben als Gewinner!

## Vorgeschichte

Die freundschaftliche Beziehung zu Richard und seiner Familie besteht weiter. So gibt es immer wieder Zeiten, in denen wir uns begegnen. Nach einem Gebetstreffen saßen wir noch in einem kleinen Kreis zusammen. Richard saß neben mir, er legte seinen Arm um meine Schulter und seinen Kopf an meinen Kopf. Danach sagte er: „Ich gehöre zu dieser Familie, Martin hat mich adoptiert." Da sagte jemand lachend: „Das sieht man, ihr habt auch ganz viel Ähnlichkeit."

Eigentlich sollte und wollte ich nur ein Vorwort schreiben. Aber je länger ich mit Richard sprach und darüber nachdachte, umso mehr fiel mir ein, was für andere in ähnlichen Situationen vielleicht hilfreich sein könnte.

Mein Mann und ich lernten uns im Dezember 1959 kennen. Wir konnten auf ein langes, erfülltes Leben zurückblicken. Im Dezember 2009 wollte er am Ende unseres Urlaubs nur nach Hause, um in seinem Bett einzuschlafen und bei Gott aufzuwachen. So geschah es dann auch.

Als wir heirateten, beschlossen wir, dass Scheidung für uns kein Thema sein sollte. Das haben wir aber nur durchgehalten, weil wir beide in unserem ersten gemeinsamen Urlaub eine klare Entscheidung für Jesus getroffen hatten. Wir brauchten eine gemeinsame Orientierung für die Ehe.

Bei unseren unterschiedlichen Prägungen und Temperamenten kam es immer wieder zu Auseinandersetzungen. So mussten wir mühsam lernen, uns immer wieder zusammenzufinden. **Wir stritten miteinander, aber auch füreinander.** Bis wir uns gegenseitig stehen lassen konnten, brauchten wir viel Zeit. Der gemeinsame göttliche Maßstab half uns dabei, unsere Rechthaberei nach und nach aufzugeben. Natürlich haben wir beide viel gelesen und Vorträge gehört. So konnten wir entdecken, dass das Leben ein Gewinn ist, wenn wir gewinnend miteinander umgehen. Als Gewinner zu sterben – der Gedanke lag bei uns wie auch bei anderen in weiter Ferne.

Später haben wir, ermutigt durch Prof. Dr. Hans Bernhard Kaufmann, auch Bücher geschrieben. **Mir fällt das Reden viel leichter als das Schreiben.** Beim Schreiben muss man fast jedes Wort genau überlegen. So wollte ich eigentlich kein Buch mehr schreiben. Da ich aber einiges sowieso schriftlich vorliegen habe wie z.b. die Briefe, die ich vorwiegend per Mail an Freunde und Bekannte gesandt habe, versuche ich, das Ganze hier einzubinden.

Seit vielen Jahren schreibe ich für unsere Tageszeitung, die *Lüdenscheider Nachrichten*, zweimal im Jahr ein kurzes Wort zum Wochenende. Meinem Mann gefiel das immer so gut, dass er sagte, daraus könnte ich mal ein kleines Buch machen. Aber ich konnte es damals noch nicht so sehen.
Nun übernehme ich einiges davon für dieses Buch.

Zunächst folgt ein Pressebericht, der uns beide kurz beschreibt.

## Nach der „Ochsentour": Immer noch verheiratet

*Lüdenscheider Nachrichten, 18.05.2004*

„Neues entdecken – ein Leben lang":
Irmtraut und Martin Huneke legen
als Autorenpaar neues Buch vor.
Orientierung und christliche Botschaft

*LÜDENSCHEID (Olaf Moos)* Die „Ochsentour" ist bewältigt. Das Buch: fertig. Die Autoren: immer noch miteinander verheiratet. Obwohl Irmtraut und Martin Huneke sich gestritten haben beim Schreiben, jeder seinen Standpunkt und seinen eigenen Blickwinkel verteidigt hat. „Männer sind anders", lacht sie, und er fügt hinzu: „Frauen auch." Die beiden machen gemeinsam weiter. Sie können sich gegenseitig vergeben. Auch darum geht es in ihrem Buch „Neues entdecken – ein Leben lang", das jetzt im Lüdenscheider Asaph-Verlag erschienen und ab sofort im Buchhandel zu haben ist.

Die Pädagogin und der Architekt – sie mehr als 30 Jahre Leiterin des Kindergartens an der Friesenstraße, er langjähriger Chef der städtischen Bauaufsicht – haben sich auf 194 Taschenbuchseiten dem großen Thema Beziehungen genähert. „Beziehungen zueinander und zu Gott." In überschaubar langen Kapiteln geht es um persönliche Lebenserfahrungen und das Ziel, nicht unbedingt konfliktfrei, aber stets ehrlich miteinander zu leben.

Belange von Kindern, deren Eltern und Großeltern, Umgang mit beruflicher Verantwortung und Streben nach fachlicher Kompetenz, Lebensstil, väterliche

Autorität oder „Wenn Kinder nach dem Tod fragen" – kaum ein Aspekt familiären Lebens bleibt unberührt. Und wie ein roter Faden führt der tiefe christliche Glaube der Hunekes durch das neue Buch. Ähnlich war es, als Irmtraut Huneke vor nahezu 20 Jahren den pädagogischen Leitfaden „In unserem Kindergarten hat Gott bei mir angefangen" publiziert hat.

Überraschende Neuigkeiten, revolutionäre Erkenntnisse oder gar nie da gewesene Sichtweisen auf das menschliche Miteinander werden die Leser vergeblich suchen. Insofern kann das Autorenpaar locker mit dem Wort „Binsenweisheiten" leben. Kritiker mögen die Nase rümpfen und „alles schon gewusst" seufzen. Martin Huneke: „Das ist vielleicht richtig. Aber es klar zu formulieren und dann auch umzusetzen, das ist unser Anspruch."

„So waren das Schreiben, Redigieren, Umschreiben und vor allem das Kürzen des ursprünglichen Manuskriptes um die Hälfte ein fortwährender Lernprozess". Lehrmeister dabei war nicht nur Prof. Dr. Hans Bernhard Kaufmann, alter Freund der Familie Huneke und Gründer der christlichen Initiative „Brennpunkt Erziehung". Dank, sagen die Autoren, schulden sie auch dem Asaph-Verleger Detlev Simon, spezialisiert auf das christliche Genre, der in seinem neuen Haus am Baukloh mehr als 40 000 Artikel gelistet hat und der als Lektor großen Anteil am glücklichen Ende der „Ochsentour" hat.

Der langen Liste der eigenen Titel – es erscheinen rund zwölf pro Jahr bei Asaph – hat Simon nun ein besonderes Werk hinzugefügt. Wer es fromm mag, aber nicht frömmelnd, wer Botschaften sucht, aber nicht unbedingt missioniert werden will, liegt mit „Neues entdecken – ein Leben lang" richtig. Als Allheilmittel für Lebenskrisen, als Rezeptur für die Lösung aller Probleme, dafür taugt kein Buch der Welt. Aber Irmtraut und Martin Huneke bieten Ansätze – nicht nur für Gläubige.

Mit GELIEBT kann ich jetzt beginnen, weil es chronologisch gerade passt und die Liebe das Wichtigste und Größte für unser Leben ist. Wir brauchen Jesu Liebe täglich. Nur die Liebe vermehrt sich, wenn wir verschwenderisch damit umgehen.

## GELIEBT

*Lüdenscheider Nachrichten, Wort zum 27.11.2004*

Mit dem 1. Advent beginnt die Erwartung auf ein besonderes Ereignis. Weihnachten rückt näher.
Gott hat sich etwas Wunderbares ausgedacht, um uns nahe zu sein. Er sandte uns seinen Sohn Jesus. In der Bibel in Johannes 3,16 steht: „Gott liebte die Menschen so sehr, dass er seinen einzigen Sohn gab. Nun wird jeder, der sein Vertrauen auf den Sohn Gottes setzt, nicht verloren sein, sondern ewig leben."

Wenn wir uns in dieser Welt umsehen, gibt es viele Verlierer. Vertrauen wir aber allein auf Jesus, können wir Gewinner bis in Ewigkeit werden. Worauf bauen wir in unserem Leben? Woran glauben wir? Was bedeutet uns Weihnachten? Haben wir durch Jesus ewiges Leben? Der Glaube an Jesus kann uns verändern. Kinder nehmen das besonders wahr.

Der Nikolaus fragte einmal bei seinem Besuch die Kinder im Kindergarten, den ich geleitet habe: **„Wer ist der Boss in diesem Kindergarten?"** Mehrere Kinder sagten auf einmal: **„Das ist Gott!"**
Sie konnten atmosphärisch spüren, dass da jemand ist, auf den wir hören wollten. Ein Kind sagte später zu seiner Mutter: „Aber Frau Huneke ist die Bossin."

Eine andere Erfahrung machte ich vor Jahren auf einer Israel-Reise. Ich sagte zu dem Reiseleiter:
„Ist es nicht wunderbar, dass Jesus in Israel geboren wurde?" „Oh ja", antwortete er, „sonst hätten wir fast keine Touristen in Israel."

Wir haben viele Möglichkeiten, etwas zu bewerten. Eine davon hebt Jesus besonders hervor, indem er in Johannes 13, 34 sagt: „Ich gebe euch jetzt ein neues Gebot, das Gebot der Liebe. Ihr sollt einander genauso lieben, wie ich euch geliebt habe. Wenn ihr einander liebt, werden alle erkennen, dass ihr meine Jünger seid." Diese Liebe können wir uns täglich von ihm schenken lassen, um sie dann an andere weiterzugeben. Weihnachten, das Fest der Liebe, naht. Ist es für uns Stress, oder nehmen wir uns Zeit zur Besinnung?

## Weihnachten

Für uns Christen ist Weihnachten das Fest der Liebe. Viele Menschen gehen aber nur noch an Weihnachten in den Gottesdienst und machen daraus eine Familienfeier. In Gesprächen erfahre ich, wie heuchlerisch das einige selbst finden. Weil die Erwartungen in den Festtagen hoch sind, kommt es natürlich häufig zu Streitigkeiten. Dennoch sind Traditionen hilfreich, weil in dieser Zeit Erinnerungen manchmal zu guten Taten führen. Für mich ist jeden Tag Weihnachten, denn Jesus wohnt in meinem Herzen.

## WAS GLAUBEN WIR?

*Lüdenscheider Nachrichten, Wort zu Ostern 2005*

In der Osterzeit vertrat ich eine kranke Kollegin in dem Kindergarten, den ich viele Jahre geleitet hatte. Ich wollte den Kindern eine biblische Geschichte erzählen und fragte zur Einleitung: „Was wisst ihr denn schon von Jesus?" Felix: „Jesus kann alles!" Ich fragte weiter: „Was zum Beispiel?"

Thomas: „Der kann fliegen, der ist in den Himmel hochgeflogen." Ina: „Er kann heilen." Meine Nachfrage: „Wen heilte er denn?" „Die Blinden, die konnten wieder sehen, und die Lahmen konnten wieder gehen." „Und die Tauben?" forschte ich weiter. Mehrere Kinder auf einmal: „Die konnten wieder fliegen."

Was wissen **wir** von Jesus? Haben wir noch Erinnerungen an Geschichten von Jesus aus unserer Kindheit und Jugend? Welche Bilder von Gott sind durch Erzählungen und Beispiele in uns entstanden? Ist das Christentum für uns eine Religion, die uns Werte für unser Zusammenleben vermittelt, oder haben wir Jesus als den Sohn Gottes schon ganz persönlich erfahren?

Bei einem christlichen Führungskongress sagte ein Manager in seinem Vortrag zum Thema Führung: „In der Wirtschaft gelten für mich 3 B´s, nämlich Bewerten – Begeistern – Bewegen."

Wenn wir das auf unseren Glauben übertragen, können wir uns fragen: Wie bewerten wir unseren Glauben? Welche Inhalte zählen? Wer ist Jesus Christus für uns, ein Religionsstifter oder Gottes Sohn? Sind wir begeistert von Jesus, weil sein Geist uns bestimmt? Was setzt unser Glaube in Bewegung? Oder bestimmt uns mehr unser Kleinglaube und Unglaube?

Im Johannesevangelium können wir lesen, dass Martha Jesus zunächst auch nicht verstand, als er zu ihr sagte: „Ich bin die Auferstehung und das Leben. Wer an mich glaubt, der wird leben, ob er gleich stürbe." Martha war traurig, dass ihr Bruder Lazarus gestorben war. Sie sagte zu Jesus: „Wärest du da gewesen, dann würde er noch leben."

Etliche unter den Umstehenden meinten: „Konnte er den Blinden die Augen öffnen und nicht verhindern, dass Lazarus starb?" Jesus sagte zu Martha, als der Grabstein weggeschoben wurde: „Habe ich dir nicht gesagt, wenn du glaubtest, so würdest du die Herrlichkeit Gottes sehen?" Weil Jesus seinem Vater im Himmel vertraute, rief er mit lauter Stimme: „Lazarus, komm heraus!" Und der Verstorbene kam heraus. Viele von den Juden, die das sahen, glaubten an ihn.

Was glauben wir Christen? Wollen wir seine Herrlichkeit auch sehen, die sich durch viele Wunder und seine Auferstehung zum ewigen Leben gezeigt hat? Wie sieht unsere Bewertung, Begeisterung und Bewegung in unserem Leben aus?

Jeder glaubt an irgendetwas; **was glauben Atheisten?** Ist es nicht schwerer, an den Urknall oder dass alles aus dem Nichts entstanden ist zu glauben? Wir können nichts beweisen, aber Jesus Christus können wir erleben und erfahren.

## Ostern

Das Osterfest findet allgemein nicht so viel Beachtung wie das Weihnachtsfest. Viel schwerer noch ist es, den Tod Jesu am Kreuz zu verstehen. Durch die Sünde sind wir von Gott getrennt. So ist Jesus der von Gott versprochene Retter. Weil er für uns starb, können wir täglich Vergebung unserer Schuld erfahren. Jesus ist auferstanden und lebt. Er sagt uns: **„Ich lebe, und ihr sollt auch leben".** So können wir, wenn wir unser Vertrauen ganz auf Jesus setzen, durch ihn Liebe, Vergebung und ewiges Leben haben. Durch seinen Heiligen Geist kommt auch noch Freude, Friede, Geduld, Freundlichkeit, Güte, Treue, Besonnenheit und Selbstbeherrschung in unser Leben, wenn wir ihn darum bitten.

## LEUKÄMIE – Bericht auf der Tagung des Gesprächsforums, März 2006

Es haben mich schon etliche gefragt, warum ich denn alleine hier bin.
Nun will ich es einmal für alle sagen. Und weil mein Herz voll ist von Gedanken und Ideen, und weil einige überhaupt nicht wissen, warum ich hier heute alleine stehe, möchte ich einfach beten:

„Vater wir loben und preisen dich und geben dir die Ehre. Du weißt, wie es in meinen Gedanken und in meinem Herzen aussieht. Ordne du das alles. Ich möchte einfach dir zur Ehre reden. Amen!"

Für die, die es noch gar nicht wissen, möchte ich mit der guten Nachricht beginnen. Die gute Nachricht ist, dass Gott mit uns etwas vor hat. Die medizinische Nachricht, die der Arzt uns mitgeteilt hat, ist, dass mein Mann Organe wie ein 55-Jähriger hat, dass die Heilungschancen bei 70 % liegen, und dass ich dann sagen konnte: **„Wir sind Christen, wir beten; deshalb sind die Heilungschancen noch grösser."** Der Arzt meinte, eine gute Einstellung sei schon die halbe Miete. Während eines ausführlichen Gesprächs über die Diagnose konnte ich Ihm unter anderem einfach sagen: „Wir machen jetzt eine neue Entdeckungsreise, und dazu schenken wir Ihnen unser Buch *Neues entdecken – ein Leben lang*. Denn stets entdecken wir etwas Neues, auch wenn Sie uns diese schlechte Nachricht mitteilen." Die lautete nämlich: Es ist eine akute Leukämie.

Ja, wenn man das hört, weiß man zunächst nicht, was es konkret bedeutet. Ich muss sagen, ich bin sehr unbefangen darangegangen, und mein Mann auch. Viele haben gefragt, wie zeigte sich das eigentlich? Es zeigte sich während des letzten Jahres durch Ermüdung und Erschöpfung. Außerdem hatten wir eine Krise in Lüdenscheid innerhalb des Gesprächsforums, die uns zu schaffen machte. Wer uns kennt, weiß, dass wir Blütezeiten in unserer Stadt erlebten. Wir hatten Abendtreffen für jedermann mit Reinhold Ruthe, zu denen fünfhundert Personen kamen, und Frühstückstreffen wurden von 350 Frauen besucht! Wir erlebten große Gesprächsforumstreffen mit 150 und 180 Personen, und jetzt kommen viel weniger.

Allerdings entstanden parallel viele Frühstückstreffen in Gemeinden, und an einigen Orten in unserer Stadt gibt es lebendige Gemeinden mit guten Angeboten.

Es ist mir ein Anliegen, als Referentenkoordinatorin immer in den Gesprächsforumsgruppen anzurufen und zu fragen: „Wie sieht es bei euch aus? Wie geht es euch? Wie viele Anmeldungen habt ihr für euren nächsten Vortrag? Darf ich am Telefon für euch beten?" Dann höre ich manchmal: „Bei uns ist es super und wir sind gespannt, wie es wird." An den letzten Wochenenden gab es in vielen Städten Vorträge des Gesprächsforums. Die meisten Mitarbeiter waren dankbar und zuversichtlich.

**So haben wir unterschiedliche Zeiten und unterschiedliche Krisen.** Bei einer Veranstaltung war mein Mann wirklich völlig fertig und sagte: „Woran liegt das, dass es bei uns so zurückgeht?" Ich für mich habe schon gesehen, dass sich Vieles in unserer Stadt getan hat. Wir sind eine Stadt mit knapp 80.000 Einwohnern. Durch das *Frühstückstreffen für Frauen* und das *Gesprächsforum Leben + Glauben* gelangten auch geistliche Impulse in die Gemeinden Lüdenscheids. Sicher ist es schmerzhaft, bestimmte negative Entwicklungen zu erkennen. Unter dieser Feststellung hat mein Mann sehr gelitten. Und jeder, der hier sitzt, kennt dieses Leid, kennt aber auch die Freude, wenn es wieder bergauf geht und sich neue Möglichkeiten auftun.

Die Erschöpfung meines Mannes führte ihn zur ernsthaften Frage: Bin ich wirklich krank? So ließ er ein Blutbild machen, das katastrophal ausfiel. Martin ist dann biblisch vorgegangen. Sein Wunsch war es, dass für ihn nach Jakobus 5 gebetet würde. Mein

Mann hat den Pfarrern und Presbytern Bescheid gesagt. Da wir in verschiedenen Netzwerken tätig sind (*Gesprächsforum, Christen in der Wirtschaft* und *Christliches Männertraining*), hat mein Mann einige angerufen und eingeladen. Es kamen 12 Männer zu uns, um für Martin zu beten. Das war ein sehr guter Start in die Krankenhausphase bis hin zur Diagnose. Wir haben uns gemeinsam gefragt, was hat diese Krankheit für eine Bedeutung für uns persönlich? **Was steckt dahinter?** Wir haben noch einmal unsere Beziehung zueinander und auch zu Gott geklärt. Martins Fragen waren auch: „Wen habe ich verletzt? Wem habe ich noch nicht vergeben? Worüber sollten wir noch reden? Was ist uns noch wichtig?"

Bei dieser Diagnose ist es natürlich so, dass man mit dem Leben abschließt und sich fragt: „Bin ich wirklich bereit zu gehen?" Und diese Frage konnte mein Mann mit ja beantworten, und ich auch. Ich denke, für denjenigen, der allein übrigbleibt, wird es noch schwerer als für den, der geht. Wir, die in Ehebeziehungen leben, wissen, dass wir lange im Duell leben, bis wir zu einem guten Duett heranreifen. Ja, in dieser Zeit haben uns besondere Bibelstellen begleitet wie z. B.: **„Alle eure Sorgen werfet auf ihn, denn er sorgt für euch."** (1. Petrus 4, 7)

Als mein Mann ins Krankenhaus kam, klang mancher Befund dramatisch, und ich dachte, jetzt bekommt er eine Knochenmarkentnahme mit all den Nebenwirkungen. Ich dachte nur *Hilfe* und habe laut im Auto auf der Heimfahrt gebetet. Als ich ihn dann im Krankenhaus nach großem Zögern anrief, sagte er: „Du, ich habe gar nichts gemerkt. Ich habe geschlafen. Ich bekam eine örtliche Betäubung und schlief. Da habe ich für mich beschlossen: „Alle eure Sorgen werfet auf ihn, denn er sorgt für euch."

Martin durfte keine Blumen am Bett haben, so war sein Krankenzimmer mit biblischen Sprüchen und auch mit Familienfotos an den Wänden dekoriert. Auch dadurch entstanden Gespräche.

Warum schickt Gott meinen Mann in ein Krankenhaus? Was hat Gott damit vor? *Als öffne sich eine Tür* – unterschiedliche Lebenserfahrungen werden hier erzählt – dieses Buch habe ich natürlich mehrfach mitgenommen und im Krankenhaus verschenkt. Dort gibt es so viele Möglichkeiten, Bücher zu verschenken und Gespräche zu führen.

Etwas Erstaunliches erzähle ich als kleines Beispiel: Ich fragte öfter: „Lesen Sie gern etwas? Möchten Sie ein Buch geschenkt haben?" Die meisten sagten sofort ja und nahmen es dankend an. Eine Schwester kam gerade aus dem Urlaub. Sie sagte: „Sie haben meiner Kollegien so ein schönes Buch von Ihnen geschenkt, ich habe schon reingeguckt, haben Sie noch so eins für mich? **Das interessiert mich.**" Dann kamen wir tiefer ins Gespräch.

Ich verkürze das Ganze. Mein Mann und ich hatten Konzertkarten geschenkt bekommen. Martin konnte nicht mit, also nahm ich die Krankenschwester mit. Wir hatten viele Gespräche und natürlich auch Gebete. Sie war in der Esoterikszene verstrickt. Nach einem ausführlichen Gespräch konnte ich sie in Jesu Namen lösen. Anschließend sagte sie: „Was für eine Befreiung war unser Gespräch und das Gebet für mich."

In unserer Nachbarschaft hatte ich die Freiheit, die nächsten vier Ehepaare einzuladen und über Martins Krankheit zu informieren. Am Schluss konnte ich sagen: „Ihr wisst, wir beten für Euch. Wenn Ihr nichts dagegen habt, würde ich jetzt gern für Martin und für uns alle beten." Keiner hatte etwas dagegen. So ist Vieles einfach geschehen.

Ein biblisches Wort ist uns noch wichtig geworden, in dem es heißt: **"Lass los, die du zu Unrecht gebunden hast."** (Jesaja 58,6). Wir haben uns gefragt, wo haben wir nicht losgelassen? Das fängt ja schon in der Ehe an: Habe ich meinen Ehepartner losgelassen? Lasse ich Ihn so werden, wie Gott es will? Das geht bei den Kindern weiter. Wie sieht es in der Mitarbeiterschaft des *Gesprächsforums* aus? Ich muss gestehen, jeder hat im *Gesprächsforum* Erwartungen an den anderen. Wir haben festgestellt, dass viel Not da ist. Nachdem mein Mann im Krankenhaus war, habe ich alle zusammengerufen, und wir haben füreinander gebetet.

Wir sind so dankbar, dass Martin viele Nebenwirkungen überhaupt nicht bekam. Er hatte kein Erbrechen nach der Chemotherapie und keine Übelkeit. Vieles ist wirklich wunderbar gelaufen. Wir können nur dankbar sein für die vielen Gebete. Ich habe vorhin mit meinem Mann gesprochen: er lässt ausdrücklich herzlich grüßen und noch einmal Dank sagen an alle Beter.

Wir beten immer für alle bekannten und unbekannten Beter und segnen sie in Jesu Namen. Jeder von uns braucht Gebet. In Arbeitsgemeinschaften wie auch dem *Gesprächsforum* wird erwartet, dass viele Menschen sich einladen lassen und zu Jesus finden. Aber wir sind manchmal so leer. Heute Nachmittag haben wir schon den Vers gehört, der mir ganz wichtig ist, wo Jesus sagt: „Das wird ein Zeichen sein, an dem man uns erkennen wird, nämlich ob wir Liebe untereinander haben!" Doch diese Liebe haben wir manchmal überhaupt nicht, und wenn wir sie nicht von Jesus holen oder nicht immer wieder neu von ihm bekommen, dann haben wir sie einfach nicht!

Ja, es gibt noch ganz viel zu erzählen. Aber ich denke, ich schließe gleich. Ich spüre, dass Gott wirklich mit uns ist und dass er uns gebraucht. Am letzten Sonntag besuchte uns eine Gruppe von Freunden aus *Christen in der Wirtschaft* und dem *Gesprächsforum*. Wir haben viel miteinander geredet und uns ausgetauscht, gebetet und auch gelacht. Gott hat uns Humor geschenkt, und das finde ich ganz wunderbar. In jeder Lebenslage dürfen wir dankbar und fröhlich sein.

Jemand schlug vor: „Lass uns doch mal die Losung von Montag lesen." Da stand: „Sei nun wieder zufrieden, meine Seele, denn der Herr tut dir Gutes". „ Oh," sagte ich, „seht mal, was drunter steht: **Jesus sprach zu dem Geheilten: Gehe hin und sage die großen Dinge, die Gott an dir getan hat,** und er ging hin und verkündigte überall in der Stadt, welch große Dinge Jesus an ihm getan hatte."

Da sagte ich: „Das ist für Martin, den rufen wir jetzt an. Der kriegt morgen eine Knochenmarkentnahme, und dann wollen wir sehen, ob er nicht schon bald entlassen wird." Das geschah auch. Er ist noch nicht geheilt, er braucht noch viel Gebet, aber diese Knochenmarkentnahme, die er am Montag bekommen hat, zeigte am Abend ein so gutes Ergebnis, dass ich ihn am Mittwoch abholen konnte. Er ist noch sehr schwach und dennoch innerlich stark.

Unsere Nachbarin meinte irgendwann: „Hast du denn überhaupt keine Angst?" „ Nein, ich habe überhaupt keine Angst.

Das heißt aber nicht, dass ich nicht nächste Woche vielleicht hier sitze und fertig bin und weine!" Aber ich habe in der ganzen Zeit nicht zu weinen brauchen, und ich kann gut weinen! Ich habe höchstens Tränen in den Augen gehabt vor lauter Rührung, wie viele Menschen beten und wie viele Menschen uns begleiten.

Aber das Schönste ist für jeden von uns, dass unsere Namen im Himmel eingeschrieben sind. Darüber können wir uns immer freuen. Mein Wunsch ist es, dass jeder an diesem Wochenende diese Gewissheit erfährt und bis in Ewigkeit behält. Nochmals danke für alle Gebete.

### „Männer sind anders – Frauen auch"

Da Martin und ich fest davon überzeugt waren, dass er nach der letzten Chemotherapie wieder voll einsatzfähig wird, denn der Verlauf war generell gut, hatten wir einen Vortrag zum Thema „Männer sind anders – Frauen auch" angenommen. Aber dann gab es doch Verzögerungen, so dass Martin erst einen Tag vor unserem Vortrag aus dem Krankenhaus entlassen wurde.

Das war schon für alle Beteiligten **eine spannende Geschichte.** Obwohl er noch sehr schwach war, wollte er die Erfahrungen, die er für sich als richtig erkannt hatte, unbedingt weiter geben. Mit einem guten Ziel vor Augen wollte er schneller gesund werden. Eine Krankenschwester, mit der wir uns inzwischen angefreundet hatten, begleitete uns zum Vortragsort. So wurde es ein besonders berührender Vortragsabend. Nach Martins Schlaganfall hielten wir weiter Vorträge.

Hier folgt ein Zeitungsbericht. Später schrieb ich über *Werte* für die Zeitung.

## Zwischen Konflikt und Kompromiss:

Hohenlimburg, 28.04.2008, Westfälische Rundschau

(mir) **„Männer und Frauen passen einfach nicht zusammen", wusste schon Evelyn Hamann in einem der beliebten Loriot-Sketche festzustellen.**

Dass es so weit aber nicht kommen muss, das bewiesen am vergangenen Samstag die Eheleute Irmtraut und Martin Huneke, die seit 1962 verheiratet sind und von ihren Lebenserfahrungen beim *Frühstück für jedermann* in der evangelisch-freikirchlichen Gemeinde an der Uferstraße berichteten.

Das Ehepaar aus Lüdenscheid erwies sich als echter Glücksgriff: humorvoll und lebensnah gestaltete es seinen Vortrag zum Thema *Männer sind anders, Frauen auch!* „Wir sind seit über vierzig Jahren **mehr oder weniger glücklich miteinander verheiratet**", resümierte Irmtraut Huneke schmunzelnd und schob trocken hinterher: „Das kennt doch jeder!" Damit stellten die engagierten Eheleute klar, dass das Gelingen einer Partnerschaft neben der Liebe auch Arbeit und Kompromisse bedeutet.

Und besonders am Anfang ihrer Ehe gab es auch Konflikte: „Und die rührten daher, dass wir unser Anderssein als Mann und Frau nicht genau verstanden. Ich war für meine Frau oftmals ein einziges Rätsel, und sie für mich. **Manchmal habe ich gelebt wie ein verheirateter Junggeselle.** „Also", so Martin Huneke, „mussten wir lernen, einander besser zu verstehen. Außerdem ist das Anderssein ja auch ein großer Reiz und es ist spannend, diese Unterschiede aneinander zu entdecken."

Doch auch der gemeinsame christliche Glaube bildete ein solides Fundament für das Gelingen der Partnerschaft. Die Pädagogin und der Architekt waren sich einig darüber, dass ihnen nicht nur die eigene Familie von zwei Kindern und vier Enkelkindern wichtig ist, sondern dass sie auch anderen Familien helfen wollten.

Nicht nur in verschiedenen Gremien engagiert sich das auskunftsfreudige Paar, es initiierte auch die Frühstückstreffen für Frauen in Lüdenscheid und leitet Gemeinde-, Eltern- und Eheseminare, in denen sie viele Ehepaare seelsorgerlich und freundschaftlich begleiten.

## WERTE

*Lüdenscheider Nachrichten, Wort zum 19.08.2006*

In unserem Land hat endlich eine längst fällige Wertediskussion begonnen, nachdem es Grenzüberschreitungen in fast allen Lebensbereichen gibt. Aber welche Werte zählen? Wie bekommen wir verbindlich Halt und Orientierung? In unserer komplizierten und offenen Gesellschaft sind viele Menschen überfordert. Wo lernen wir etwas über Beziehungen? Dabei sehnen sich die meisten Menschen danach, in heilen und harmonischen Beziehungen zu leben, das fängt schon im Kindergarten an.

Folgendes erlebte ich am Frühstückstisch in dem Kindergarten, den ich viele Jahre leitete: Katrin fragte mich: „Du, Frau Huneke, weißt du schon, dass ich den Matthias heirate?" „Nein, das weiss ich nicht, das hast du mir noch nicht erzählt." „Ja, ich heirate den Matthias", sagte sie. „Wie bist du denn darauf gekommen?" fragte ich. Sie: „Zuerst waren noch andere Jungen da, aber dann gefiel mir der Matthias", meinte sie. „Was gefiel dir denn am Matthias am besten?" Sie: „Am meisten liebe ich seine Stimme." „Und du, was gefällt dir an Katrin?" Er: „Alles." Ich fragte weiter: „Wie ist das denn gekommen, dass ihr heiraten wollt? Wer hat denn wen gefragt?" „Ja", sagte Katrin, „das war draußen", und er: „Zum Glück war keiner dabei." Sie: „Zuerst habe ich ihm ein Küsschen gegeben und dann habe ich ihn gefragt." Er: „Und dann habe ich ´na gut´ gesagt."

Kinder spielen oft das, was sie erleben. Der Mensch ist auf Gemeinschaft angelegt. Das zeigt sich schon im Kindergarten und besonders in der Ehe und Familie. Gott hat uns als Mann und Frau geschaffen. Wir sind sein Gegenüber. **Gleichwertig, aber andersartig.** Intakte Ehen und Familien sind inzwischen für viele nur noch Wunschträume, die leider nicht mehr so häufig in Erfüllung gehen. Welche Maßstäbe gelten in unseren Familien? Sind es Gottes Maßstäbe, wie zum Beispiel die zehn Gebote, oder machen wir uns selbst zum Maßstab?

Die Scheidungsrate liegt derzeit bei etwa 50 Prozent. Deshalb trauen sich viele junge Paare nicht mehr, sich „trauen" zu lassen. Hier fehlen gute Vorbilder und

Ehe- und Familienschulen. Grundwerte für ein gelingendes Miteinander wie zum Beispiel die Akzeptanz der Unterschiedlichkeit von Mann und Frau und deren Wertvorstellungen müssen vermittelt werden.

Das Offensein füreinander und das Interesse-Haben aneinander kann zu einer guten Kommunikation führen, wenn beide es so wollen. Es ist oft ein langer Lernprozess, sich wirklich zu verstehen und sich gegenseitig stehen zu lassen. Nicht umsonst scheitern viele Beziehungen, die hoffnungsvoll begonnen haben. Gott hat uns so gemacht, dass wir uns gegenseitig ergänzen. Jeder von uns ist ihm wertvoll und kostbar.

Mir persönlich hilft dabei außerdem das Wissen und die Erfahrung, dass Gott mich liebt, Jesus mir vergibt und durch Glauben Gemeinschaft mit mir haben will. Gottes Liebe und Vergebung sind für mich der Schlüssel für tragfähige Beziehungen. Sind das nicht Werte, die zählen?

## Staunen

Wenn wir es lernen, die negativen Situationen positiv zu nutzen, kommen wir manchmal aus dem Staunen nicht heraus. Das zeigt auch die folgende Begegnung.

### HALLOWEEN

*Lüdenscheider Nachrichten Wort zum 28.10.2006*

Seit Jahren klingeln bei uns Kinder im Alter von etwa acht bis 14 Jahren Ende Oktober an der Haustür. Beim ersten Mal war ich sehr erschrocken und ärgerlich, als ich die Tür öffnete und hässlich verkleidete Jugendliche sah, die sagten: „Süßes, sonst gibt's Saures." Als ich sie fragte, was das denn bedeutet, waren sie ganz verunsichert. Ich entschied mich, aus dem Negativen etwas Positives zu machen und sagte: „Beides gibt es bei uns nicht, aber ich kann jedem von euch ein Buch schenken, wenn ihr das möchtet." Sie nahmen es dankend an.

Ähnliches geschah dann jährlich mit weiteren Kindern und Jugendlichen. Zum Verschenken habe ich für fast alle Altersgruppen Bücher griffbereit. Im vergangenen Jahr schellten zwei Jungen an unserer Haustür. Einer war 13, der andere 14 Jahre alt.

Als ich öffnete, kam wieder ihr Spruch: „Süßes, sonst gibt's Saures." Dann erkannte mich der Jüngere und sagte: „Haben Sie uns nicht letztes Jahr ein Buch geschenkt?" Das bestätigte ich und fragte sie nach dem Titel des Buches und ob sie es auch gelesen hätten. Beide nickten.

Wir sprachen über den Inhalt des Buches. Es handelte von einem Jungen, der in schwierigen Verhältnissen lebte, nach dem Sinn des Lebens suchte und später Christ wurde. Ich fragte die beiden, ob sie auch an Gott glaubten. Beide bejahten dies.

Der eine sagte, er sei schon konfirmiert, der andere wollte sich auch konfirmieren lassen. Danach wollte er noch etwas tun, er wüsste aber nicht genau, wie das Wort hiess. Wir rätselten eine Weile miteinander, bis der andere sagte: „**Bekehren?**" „Ja, das möchte ich gerne," sagte er. Ich fragte: „Du möchtest dich für Jesus entscheiden?" Er bestätigte dies. Ich fragte den anderen: „Du auch?" Auch er sagte ja. So sprachen wir über Jesus, dass er an Weihnachten geboren wurde, Gottes Sohn ist und viele Wunder tat. Karfreitag starb er für unsere Sünden und unsere Schuld, denn wir schaffen es nicht, Gottes Gebote zu halten. Ostern feiern wir seine Auferstehung und später seine Himmelfahrt; zu Pfingsten das Wirken seines Heiligen Geistes, das seine Jünger ermutigte, das Evangelium zu verkünden und in Jesu Namen Wunder zu tun.

Auch heute geschehen noch Zeichen und Wunder. Gott ist an jedem Einzelnen interessiert und möchte, dass allen Menschen geholfen werde und sie zur Erkenntnis der Wahrheit kommen, die Jesus heißt.

Im Lauf des Gespräches sagte ich: **„Ihr könnt euch auch sofort für Jesus entscheiden, wenn ihr wollt.** Ich kann jetzt hier für euch beten, wenn Jesus euer Leben bestimmen soll." Sie nickten beide, und ich betete für sie. Anschließend schenkte ich ihnen ein Buch mit folgender Widmung aus dem 1. Johannesbrief, Kapitel 5, Vers 13: „Solches habe ich euch geschrieben, die ihr glaubt an den Namen des Sohnes Gottes, auf dass ihr wisst, dass ihr das ewige Leben habt." „Diese Gewissheit habt ihr jetzt durch Jesus," sagte ich. Dankbar und fröhlich nahm jeder sein Buch entgegen.

Bei aller **Zeitplanung** ist es immer gut sich auch Zeit für Spontanes und Unvorhergesehenes zu nehmen. Ende Oktober warte ich inzwischen schon darauf, dass Jugendliche an unserer Haustür klingeln.

## ZEIT PLANEN

*Lüdenscheider Nachrichten – Wort im Januar 2007*

Wie schnell ist das Jahr 2006 vergangen! Welche positiven und welche schmerzhaften Erinnerungen verbindet jeder persönlich mit diesem Jahr? Ich habe den Eindruck, je älter man wird, desto schneller vergeht die Zeit, wenn viele Aktivitäten anstehen. Es ist sinnvoll, seine Zeit zu planen. Aber manchmal wird man einfach verplant. Darum ist es gut, einen Teil der Zeit für spontane Aktivitäten freizuhalten.

Ich schreibe meine täglichen Aufgaben – früher waren es berufliche, inzwischen sind es private und ehrenamtliche – in meinen Kalender und nummeriere sie nach Dringlichkeit und Wichtigkeit. Manchmal bereitet mir ein Telefonat oder eine Sache, die unklar ist, soviel Druck, dass ich es möglichst zuerst erledige. So wird mein Kopf für alle anderen Aufgaben frei. Ich habe einmal gelesen, dass Beten Zeit sparen hilft. Ich erlebe es so. Manchmal mach ich mir unnötig Gedanken und Sorgen, statt sie an Gott abzugeben. Er gibt mir Impulse, welche Schritte ich gehen soll.

In der Bibel steht beim Prediger Salomo: „**Alles hat seine Zeit geboren werden hat seine Zeit, sterben hat seine Zeit, weinen hat seine Zeit, lachen hat seine Zeit,** klagen hat seine Zeit, tanzen hat seine Zeit" So lege ich bewusst jeden Tag und natürlich auch jede Nacht in Gottes Hand. Ich möchte, dass meine Zeit in seiner Hand liegt. Es soll eine sinnvolle und eine gut genutzte Zeit mit ihm sein.

Denn Zeit ist ein Geschenk Gottes. Jeder hat die gleiche Zeit. Wir können sie nicht verdienen wie Geld. Zeit ist eine Kostbarkeit, die wir uns gegenseitig schenken können. So ist **eine Jahres-, Monats-, Wochen- und Tagesplanung** seit vielen Jahren eine selbstverständliche Praxis für mich.

Um möglichst Missverständnisse zu vermeiden, machen mein Mann und ich häufig zwischendurch einen Terminabgleich, wenn Veränderungen anstehen. Wir klären ab, welche Termine wir gemeinsam und welche jeder für sich wahrnimmt.

Von Jesus können wir etwas von seiner Zeiteinteilung lernen. Er ging zunächst in die Stille, um auf Gott zu hören. Danach machte er sich an die Arbeit. Erstaunlich für mich ist, **dass sein erstes Wunder die Verwandlung von Wasser zu Wein war.** Dies geschah bei einer Hochzeitsfeier.

Das bedeutet für mich, dass Jesus neben der Stille und der Arbeit auch das Feiern wichtig war. Wie sieht unsere Zeiteinteilung aus? Wird unter unserer Todesanzeige einmal stehen: „Nur Arbeit war sein (ihr) Leben"? Oder welches Wort bezüglich der Zeit wünschen wir uns? Ist nicht unsere Zeit eingebunden in Gottes Zeit und Ewigkeit?

## Segen im Krankenhaus

Ja, unsere Zeit steht in Gottes Händen und unsere Situation kann sich von jetzt auf gleich völlig verändern. Das haben wir erlebt.

Auf unserer Jahrestagung des *Gesprächsforums Leben + Glauben* habe ich im März 2007 über Segen gesprochen. Im Krankenhaus habe ich erlebt, wie verzweifelt und hilflos sich Menschen ohne Jesus fühlen. Es ist ein Segen, Jesus zu kennen und mit ihm zu leben. So konnte ich für einige dort beten. Mein Vertrauen habe ich ganz auf Jesus gesetzt.

**Obwohl ich so gerne esse, war meine wichtigste Speise in der Zeit das Wort Gottes.** Das habe ich täglich gespeist. Außerdem hörte ich immer wieder Lobpreislieder, denn womit man sich füllt, das ist in uns und kommt auch irgendwann aus uns heraus.. Vieles im Leben ist eine Entscheidung. So wie ich mich entscheide zu denken, so fühle ich und so handele ich dann auch. Mein Lebensstil ist es, bewusst in der Gegenwart Gottes zu leben, denn alles was gut und vollkommen ist, kommt von ihm.

So fühlte ich mich trotz des Leides und vieler Tränen gesegnet, weil Jesus der größte Arzt ist.

Auch einige Inhalte des folgenden Briefes, liess ich in meinen Bericht auf der Tagung einfließen.

## Aprilbrief über Martins Schlaganfall

April 2007

Ihr Lieben,

zunächst bedanke ich mich ganz herzlich für alle Anteilnahme, Gebete, Gespräche, Mails, Grüße, Karten und kleinen Geschenke. Wir sind tief beeindruckt über die anhaltenden Gebete und das anhaltende Interesse.

Jeder von uns hat ja auch ein mehr oder weniger großes „Päckchen" zu tragen. Inzwischen gibt es etliche Anfragen, welche Fortschritte Martin schon gemacht hat. Sie sind so sichtbar, dass es sich wirklich lohnt, darüber zu schreiben. Für alle, die erst spätere Infos bekommen haben, berichte ich noch einmal kurz von Anfang an.

Am Dienstag, den 28. 02.2007 gegen 12.00 Uhr sah ich Martin im Wohnzimmer auf der Erde liegen. Ich wollte mich von ihm verabschieden, um Besorgungen zu machen. Er sagte: „**Ich kann nicht aufstehen.** Ich habe die Selbstkontrolle verloren." Nach anfänglicher Hilflosigkeit und Gebet kam sofort der Hausarzt. Ein Notarzt und ein Krankenwagen brachten uns ins Krankenhaus.

Diagnose: Schwerstbehinderung oder Tod. Ein Blutgerinnsel hatte sich durch eine leichte Herzrythmusstörung im Gehirn gebildet. Kleiner Hoffnungsschimmer: Eine Gerinnselauflösungstherapie mit möglichen Nebenwirkungen wie Hirnbluten, Magenbluten usw. Ich stimmte dieser Therapie zu. Was hatten wir noch zu verlieren? Im Entscheidungsprozess setzte sich eine Krankenschwester zu mir, die ich von einigen Gebetstreffen her kannte. Wir beteten sofort miteinander für Martin.

Meine Überlegung war, wie bekommen wir möglichst schnell große Gebetsunterstützung. Das ging zuerst über Mails durch Hans-Herrmann Rosenberger vom Gesprächsforum. Später kamen immer mehr Verteiler und Beter dazu, da wir in vielen christlichen Werken tätig sind. Allen Betern und Verteilern danken wir ganz besonders.

Zunächst löste sich das Gerinnsel nicht auf. Erst am Donnerstag, dem 01.03. gegen 16.00 Uhr war kein Gerinnsel mehr auf der Aufnahme zu sehen. Der Arzt sagte mir, er habe auch nicht gewusst, was er tun sollte. Aber er hatte mir durch die Härte der Diagnose die Entscheidung leichter gemacht.

Nun befindet sich Martin seit Freitag, dem 9. März in Hilchenbach in der Reha. Ich schreibe diesen Bericht am Dienstag, dem 10.04. Seine Reha geht erst einmal bis Ende April.

In Hilchenbach bei Siegen nutze ich die Möglichkeit, am Wochenende in Martins Zimmer zu übernachten. So haben wir viel Zeit, miteinander zu reden, zu beten, Vorträge über Heilung zu hören und das Abendmahl zu feiern. Ich salbe Martin immer wieder mit Öl nach Jakobus 5, 13-16. **Am Wochenende kann ich auch schon fast alle Pflichten einer Krankenschwester übernehmen,** z. B. Hilfestellung leisten beim An- und Ausziehen, beim Aufstehen aus dem Bett in den Rollstuhl und umgekehrt.

Gerade hat Martin mir seinen Therapieplan für morgen durchgegeben. Sein Tag ist somit gut ausgefüllt. Wir telefonieren in allen möglichen Pausen. Zuerst war er nach jeder Übung ganz erschöpft. Aber er bekommt immer mehr *Rückgrat* und hält es in seinem Rollstuhl nun den ganzen Morgen aus. Mittags hält er sein Schläfchen. Schlafen kann er immer gut. Am Geländer entlang ist er heute Nachmittag etwa 120 Meter gegangen, wobei das linke Bein noch viel Unterstützung braucht. Der linke Arm ist noch schlaff, empfindet aber schon Schmerzen.

Die Stimme wird auch immer kräftiger. Nachdem ich bei einem Training teilnehmen konnte, **übe ich auch am Telefon mit ihm.** Vieles erinnert mich an meine Kindergartenzeit als Leiterin. Weiter gilt für uns Glaube, Gebet und Geduld, sowie Demut und Barmherzigkeit. Martin muss sich täglich dem harten Training stellen. Ich sage manchmal zu ihm: „Jesus sprach zu dem Geheilten: Steh' auf!" Dieses Aufstehen erfolgt bei Martin mit Schmerzen und höchster Konzentration. Aber er ist auf einem guten Weg.

Wir entdecken in dieser schweren Zeit wieder neu: „Es ist besser auf den Herrn zu vertrauen, als sich auf Menschen zu verlassen." Jeder wird allein geboren und stirbt allein. **Die Sterberate liegt für uns alle bei 100%.** Durch Jesus haben wir einen Platz im Himmel. Wir erfahren seine Liebe und Vergebung jeden Tag neu. Unser Auftrag ist es, sie an andere weiterzugeben. So ist es uns wichtig, immer wieder auf IHN zu sehen. Er ist der Anfänger und Vollender des Glaubens und des Gesetzes Erfüllung.

Eine große Hilfe ist uns die Telefonandacht von Siegfried Müller, die täglich neu unter 0180-1177711 zu hören ist. Sie wird von ca. 2 000 Menschen Tag und Nacht angewählt und dauert etwa 3 Minuten. Wir haben sie anfangs mehrmals täglich gehört. Folgende Aussage aus 2.Mose 34,10 nehmen wir gemeinsam in Anspruch: **„Und das ganze Volk, in dessen Mitte du bist, soll des Herrn Werk sehen, denn wunderbar wird sein, was ich an dir tun werde."** Das wollen wir sehen, das wollen wir erleben.

Darum fragen wir uns, wozu sind wir in dieser Reha? Wir haben viele Gelegenheiten zu Gesprächen. So konnte ich schon Etliche in Begegnungen fragen, ob sie gern lesen. Mit großem Interesse haben einige schon unser Buch *Neues entdecken ein Leben lang* und natürlich auch *Als öffne sich eine Tür* gelesen. Die Gespräche können sich dann vertiefen, und ich finde immer mehr Möglichkeiten, Bücher zu verschenken.

Als ungeübte Autobahnfahrerin musste ich Autobahnfahren lernen. Es fällt mir immer noch sehr schwer. Ich bin froh, wenn ich ruhig hinter einem Laster herfahren kann. **Was man nicht gelernt hat, das kann man einfach nicht.** Es geht nicht nur mir so.

Wie sieht es mit unserer Gesundheit im Allgemeinen aus? Was tun wir, um sie zu erhalten? Es ist bekannt, dass Krankheiten sich über Jahre und Jahrzehnte entwickeln, bevor sie ausbrechen. Zur Unterstützung der gesunden Ernährung nehmen wir auch gute Nahrungsergänzung zu uns, die Martin einige Medikamente mit Nebenwirkungen erspart haben. Wir achten auf viel Bewegung und trinken vor allem viel, etwa 2-3 Liter pro Tag. Wasser sollten wir über unseren Durst trinken.

Meistens wissen wir es, aber tun wir es auch? Nach Aussage des Arztes fällt es Männern besonders schwer, genug zu trinken. So kann Blutverdickung und vieles mehr entstehen. Trinken tut nicht weh, die Folgen durch Mangel schon. Unser Körper besteht aus Leib, Seele und Geist. Alles braucht die richtige Nahrung.

So möchte ich mit diesem Bericht alle, die mit uns gehen, teilhaben lassen an unseren Freuden und an unserem

Leiden, aber auch an dem, was wir neu oder wieder entdecken. Martin und ich danken noch einmal ganz herzlich für alles Mittragen und segnen alle in Jesu Namen.

Eure
Irmtraut mit Martin

P.S.: Ansonsten freuen wir uns über die vielen Aufgaben, die wir in unterschiedlichen Bereichen wahrnehmen können. Martin nimmt Anteil an allem, was ich tue und ich an dem, was ihn bewegt. Zwei humorvolle Ereignisse möchte ich noch mitteilen.

Als wir uns mit unserer Grossfamilie drei Tage nach seinem Schlaganfall in seinem Krankenzimmer versammelt hatten, schlief er. Ich sagte leise: „Martin wach auf, Du hast ganz hohen Besuch." Seine Antwort lautete: „Ja, ich weiß. Du bist da."

Am nächsten Tag versuchten zwei Therapeutinnen, die ersten Übungen mit ihm zu machen. Sie fragten ihn: „Herr Huneke, was haben Sie denn für Hobbys?" Martin: „Sport und meine Frau."

In diesem Sinne freuen wir uns, dass wir mit wesentlicher Unterstützung von Drs. Wolfgang und Irmgard Leisenberg im Rahmen des *Gesprächsforums* wieder ein Ehewochenende in Siegen durchführen werden. Es findet in der Zeit vom 1.-3. Juni 2007 unter dem Motto *Unsere Ehe soll noch schöner werden!* statt.

Die ersten Ehepaare sind bereits angemeldet. Wer traut sich noch? Auch hier dürfen wir immer wieder Neues entdecken. Geklärte Beziehungen zueinander und zu Gott bringen neuen Schwung in unser Leben.

## LESUNG

Da ich schon immer gern Bücher gelesen habe, verschenkte ich sie auch gern. Zunächst solche, die mir hilfreich erschienen. Später unsere eigenen. Dazu hatte ich in der Klinik in Hilchenbach viele Möglichkeiten. Schwestern, Ärzte und Patienten zeigten sich in Gesprächen interessiert.

So wurden wir auch gefragt, ob wir bereit seien, eine Lesung in der Klinik anzubieten. Meinem Mann fiel das Lesen zuerst schwer, so dass ich den größten Teil übernahm. Später fühlte er sich herausgefordert und es machte ihm Freude. Mit folgendem Text und einem Foto wurde dazu eingeladen:

Lesung:
**„NEUES ENTDECKEN – EIN LEBEN LANG.**
**EINER BRAUCHT DEN ANDEREN."**

Irmtraut und Martin Huneke setzen aufgrund der grossen Nachfrage ihre autobiographische Lesung fort. Mit bewundernswerter Offenheit sowie viel Humor erzählen die Autoren über ihre weiten Lernfelder. Ihre vielseitige Lebenserfahrungen weiterzugeben, um andere zu ermutigen – das ist ihr besonderes Anliegen.

Eine ganz neue und sehr schwere Lernerfahrung macht das Ehepaar derzeit, da Martin Huneke vor kurzem einen Schlaganfall erlitten hat und dadurch das Leben und Wirken der beiden neu ausgerichtet werden muss.

## ERFOLGSLESUNG NOCHMAL

*Die Hilchenbacher Zeitung schreibt:*

Die autobiographische Lesung mit dem Ehepaar Irmtraut und Martin Huneke in der neurologischen Fachklinik Hilchenbach wird aufgrund der überwältigenden Resonanz am Montag, dem 14. Mai 2007, um 19 Uhr fortgesetzt. Es geht dabei um Aussagen wie: „Viele Männer sind große Rhetoriker, aber sie versagen, wenn sie mal etwas von sich selbst preisgeben sollen."

Nach diesem Zeitungsbericht kamen auch Gäste aus dem Ort.

## LOKALE BÜNDNISSE FÜR FAMILIE

Schon bevor mein Mann krank wurde, gab es in unserer Stadt ein lokales Bündnis für Familie, in dem wir gemeinsam mitarbeiteten. Wir bildeten eine kleine Gruppe, die sich *Familie intern* nennt. Uns ist es wichtig, Werte zu vermitteln, die das Leben erleichtern.

So entwickelte sich die Idee, die Neugeborenen mit Ihren Familien einzuladen. Wir wollen bei diesem Empfang zum einen den Eltern unsere Wertschätzung entgegenbringen, und zum anderen Einrichtungen und Gruppen vorstellen, die für Familien unterstützend sind.

Der erste Neugeborenenempfang fand bereits unter der Schirmherrschaft von Bürgermeister Dieter Dzewas im April 2007 im Rathausfoyer mit vielen kleinen und großen Familien statt. Gute Begegnungen und Gespräche haben uns erfreut.

Es entwickelte sich bei mir der Gedanke, ein Buch über lebendige, ermutigende Erfahrungen zu schreiben und zu verschenken. Inzwischen erhält jede Familie, die es möchte, dieses Buch als Geschenk mit einer wertschätzenden Widmung für das Kind. In der Presse gab es mehrere Berichte zum Empfang, zum Buch und zum Nachtreffen. Einige sind hier abgedruckt:

**Das Angebot des *Lokalen Bündnisses für Familien* ist eine feste Institution geworden. Eltern schätzen die Informationen und die Gelegenheit, andere Mütter und Väter mit gleichaltrigen Kindern kennenzulernen. Die insgesamt zehnte Veranstaltung im November soll besonders gewürdigt werden.**

Bettina Görlitzer, Lüdenscheider Nachrichten 09.05.2011

Der Neugeborenenempfang der Stadt Lüdenscheid ist inzwischen zu einer festen Institution geworden. Knapp 50 Familien trafen sich dazu am Samstag im Bürgerforum des Rathauses. Sie nutzten die Gelegenheit, ihre Babys fotografieren zu lassen, aber vor allem begrüßten sie die Möglichkeit, sich über Beratungs-, Betreuungs-, Hilfs- und Freizeitangebote für Familien mit Kindern in der Stadt zu informieren. Auch die Begegnung mit Eltern gleichaltriger Kinder schätzen viele Mütter und Väter am Neugeborenenempfang. Die Kinder, um die es an diesem Tag ging, waren zwischen 20 Tagen und sieben Monaten alt. Manchmal waren Geschwister oder Großeltern dabei.

Die Begrüßung hielten Jugendamtsleiter Hermann Scharwächter, Bürgermeister Dieter Dzewas und Irmtraut Huneke vom *Lokalen Bündnis für Familien* kurz.

Ein Auftritt von Kindern der musikalischen Früherziehung der städtischen Musikschule mit Marion Fritzsche war ein Beispiel, was Kinder in Lüdenscheid machen können. Scharwächter wies bereits auf den Neugeborenenempfang im November hin – er soll als zehnter besonders gewürdigt werden.

## Bedeutung der Familie als Thema

*Lüdenscheider Nachrichten 18.12.2008 – von Monika-Marie Finke*

**Irmtraut Huneke stellt Buch im Bürgerforum des Rathauses vor**

Schon der Umschlag des neuen Buches von Irmtraut Huneke spricht Bände. In warmen Farben gehalten, mit sinnbildlicher Bedeutung in den Fotos. „Familien-Zentren – wo sich kleine und große Persönlichkeiten begegnen" heißt das Werk, das sie jetzt im Bürgerforum des Rathauses vorstellte.

14 bekannte Persönlichkeiten, die neben Irmtraut Huneke in dem Buch über die Bedeutung ihrer eigenen Familie schreiben, haben es zu einem Paket aus unterschiedlichen Lebenserfahrungen gemacht. Familie nicht nur als Wort zu sehen, sondern den Begriff mit Inhalten

zu füllen, ist das Ziel der Arbeitsgruppe „Familie intern", der auch Irmtraut Huneke angehört.

**„Uns ist es wichtig, Werte zu vermitteln, die das Leben erleichtern"**, sagt sie. „Nach dem ersten Neugeborenenempfang im April dieses Jahres entwickelte sich in mir der Gedanke, ein Buch über lebensgeschichtliche, ermutigende Erfahrungen entstehen zu lassen."

Im Buch kommen Frauen aus „Familie intern" sowie Persönlichkeiten der Stadt Lüdenscheid, aus Deutschland und Amerika mit ihren eigenen Familienerfahrungen zu Wort.

Für Bürgermeister Dieter Dzewas ist die Familie eine „Ebene des absoluten Vertrauens". Sozialdezernent Dr. Wolfgang Schröder sieht in ihr Ursprung, Mittelpunkt und Ende des sozialen Lebens. Einen Ort des Geborgenseins findet Superintendent Klaus Majoress in der Familie. Für Bankkauffrau Andrea Grüger ist sie „ein großes Wort – schwer zu beschreiben, doch toll zu erleben".

Irmtraut Huneke behandelt in ihrem Buch das „Lernfeld Familie und Kindergarten" und geht auf Konflikte zwischen Beruf und Familie ein. Sie erzählt, wie ein Familienzentrum entsteht und schließt mit „Themen, die uns bewegen" ab. Verändertes Rollenverständnis, Kommunikation in der Familie, Kinderziehung: all das sind Themen, die Irmtraut Huneke in den Fokus rückt. „Kinder sind unsere Zukunft", lacht sie. „Wir sollten sorgfältig damit umgehen."

## FAMILIE

*Lüdenscheider Nachrichten, Wort zum 26.01.2013*

Weihnachten liegt hinter uns. Für viele Menschen ist es inzwischen nur noch ein Familienfest. Man trifft sich und freut sich auf die gemeinsame Zeit.

Traditionen haben etwas Gutes. Aber Christsein sollte auch lebendig sein, täglich erlebbar und erfahrbar. Familie bleibt lebendig, wenn wir in guten Beziehungen zu einander stehen und uns Zeit füreinander nehmen. Diese kleine Begebenheit erzähle ich immer wieder gern:

In dem Kindergarten, den ich viele Jahre leitete, erlebte ich Folgendes: „Die 5-jährige Katrin fragte mich: „Du, Frau Huneke, weißt Du schon, dass ich den Mathias heirate?" „Nein, das hast du mir noch nicht erzählt.." Ja, ich heirate den Mathias," sagte sie. „Was gefällt dir denn an Mathias am besten?" Sie: „Am meisten liebe ich seine Stimme." Und du, was gefällt dir an Katrin?" Er: „Alles."

Ich fragte weiter: „Wie ist das denn gekommen, dass ihr heiraten wollt? Wer hat denn wen gefragt?" „Ja," sagte Katrin, „das war draußen," und er: „Ein Glück war keiner dabei." Sie: „Zuerst habe ich ihm ein Küsschen gegeben und dann habe ich ihn gefragt." Er: „Und dann habe ich *na gut* gesagt."

An dieser kleinen Szene kann man vermuten, dass diese beiden Kinder aus intakten Familien kommen. Sie haben beide Vorbilder. Das Mädchen orientiert sich an der Mutter und der Junge am Vater. Sie sagt klar, was sie an ihm schätzt. Er: einfach alles.

Gott hat uns als sein Gegenüber als Mann und Frau geschaffen. Wir sind gleichwertig, aber andersartig. *Gender Mainstreaming* (Geschlecht-Hauptströmung) – die Bedeutung des Begriffes sorgt weltweit für Verwirrung. Man spricht unter anderem davon, dass Geschlechterrollen erlernt und damit veränderbar sind (und Homosexualität?). Der Journalist Volker Zastrow nannte das Konzept des *Gender Mainstreaming* in der Frankfurter Allgemeinen Zeitung eine „politische Geschlechtsumwandlung."

Wo soll das hinführen, wenn bei „hart aber fair" die Journalistin Birgit Kelle zunächst als Hexe bezeichnet wird, weil sie sich gegen das Adoptionsrecht für homosexuelle Paare gewandt hat? Gilt Meinungsfreiheit nicht für uns alle? Sie sagte: „Jedes Kind hat das Recht auf die Erfahrung, einen Vater und eine Mutter zu haben." Außerdem äußerte sie sich zu möglichen negativen Folgen.

In Frankreich wird diskutiert, ob die Bezeichnung Vater und Mutter im Bürgerlichen Gesetzbuch nicht durch Eltern 1 und 2 ersetzt wird, falls gleichgeschlechtliche Paare Kinder adoptieren.

Was vor allem Kleinkinder dringend brauchen ist Liebe, Geborgenheit, Haut- und Körperkontakt. Das bekommen sie bei der Mutter, möglichst beim Stillen. Nirgendwo erfahren sie in den ersten Lebensjahren mehr Zuwendung als in einer Familie. **Es gehört heute viel Mut und finanzielle Genügsamkeit dazu, sich für die Mutterrolle als Berufung zu entscheiden.**

Wie wohltuend ist es, Familien zu begegnen, die gerne Kinder als Geschenk Gottes annehmen und nach seinen Maßstäben leben lernen.

## Nachtreffen

Im November 2012 fand der 12. Neugeborenenempfang statt. Den 10. haben wir im Rathaus mit allen Verantwortlichen gefeiert. Um uns näher kennenzulernen, laden wir die Familien zu mehren Nachtreffen ein, für die ich die Verantwortung übernommen habe.

Dort können Kontakte geknüpft und vertieft werden, Fragen gestellt und Themen, die uns interessieren, angesprochen werden. Auch über Persönliches und über Inhalte aus unserem Buch *Familien-Zentren – wo sich kleine und große Persönlichkeiten begegnen* kommen wir ins Gespräch.

Inzwischen hatten wir viele kleine Treffen mit unterschiedlichen Gesprächsimpulsen. Je nach Situation und Betroffenheit kamen alle Themen des täglichen Lebens vor. Natürlich auch *Sexualität, wie rede ich mit meinem Kind darüber*? Eine Mutter berichtete mir nach Jahren, wie hilfreich ihr diese Informationen für die natürliche Aufklärung ihrer beiden Jungen gewesen sei.

Im Kindergarten hatten wir zu diesem Thema regelmässige Treffen. Wenn wir nicht den Mut haben, in unseren Familien darüber zu reden, können wir in kritischen Situationen nicht erwarten, dass unsere Kinder uns vertrauen. **Nicht umsonst geschieht so viel sexueller Missbrauch.**

Es gab auch Nöte, die wir später am Telefon ausführlicher besprechen konnten. Vor allem aber staunen wir immer wieder über die Fortschritte der Babys. Wir haben uns ausgetauscht, gesungen, gelacht und uns auf das nächste Treffen gefreut. Die Presse hat mehrfach darüber berichtet. Hier zwei Auszüge von Berichten aus den *Lüdenscheider Nachrichten* von Ingrid Weiland:

## Wichtige Grundbedürfnisse von Babys und Kindern

*Lüdenscheider Nachrichten vom 10.3.2012*

Zu einem Nachtreffen zum letzten Neugeborenenempfang, zu dem das *Lokale Bündnis für Familien* am Dienstagmorgen in den Kinderbetreuungsraum im Rathaus eingeladen hatte, konnten Irmtraut Huneke und Stefanie Edel sieben Mütter und Väter mit Kleinkindern begrüßen.

Diesmal nahm man sich das Thema *Wichtigste Grundbedürfnisse von Babys und Kindern* vor, zu denen – wie man anhand des von Irmtraut Huneke verfassten Buches „Neues entdecken – ein Leben lang" herausfand – Liebe und Geborgenheit, Körper- und Augenkontakt, Lob und Ermutigung gehören.

## Beim Nachtreffen zum Neugeborenenempfang geht's um Verhaltenstendenzen: Typen und Temperamente

*Lüdenscheider Nachrichten vom 16.8.2012*

Um Typen und Temperamente, Stärken und Schwächen, die sich auch schon bei Kleinkindern feststellen lassen, ging es kürzlich bei einem Nachtreffen, zu dem das Lokale Bündnis für Familie im Zusammenhang mit dem letzten

Neugeborenenempfang in den Kinderbetreuungsraum des Rathauses eingeladen hatte.

Irmtraut Huneke stellte den Müttern, die mit Ihrem Nachwuchs gekommen waren, vier Verhaltenstendenzen vor, die im Zusammenhang damit zu sehen sind, ob jemand extrovertiert oder introvertiert, aufgaben- oder beziehungsorientiert ist.

Neben Menschen mit dominantem Verhaltensstil, die so schnell wie möglich Probleme lösen möchten, gibt es solche, die mit Hilfe ihres initiativen, optimistischen Verhaltensstils andere überzeugen und beeinflussen möchten.

Darüber hinaus wurde zwischen gewissenhaften, gründlichen Menschen, die hohe Standards erreichen möchten, und solchen unterschieden, die durch Beständigkeit und Geduld ein berechenbares Umfeld schaffen möchten.

Da das DISG-Persönlichkeits-Modell auch in ihrem Buch *Familien-Zentren* abgebildet und beschrieben ist, schlug sie vor, **sich selbst einzuschätzen und auch mit dem Partner darüber ins Gespräch zu kommen.**

Bei dem regelmäßig stattfindenden Nachtreffen geht es darum, dass Eltern untereinander Kontakte knüpfen und sich im Austausch näher kennenlernen. Auch weitere Möglichkeiten der Begegnung werden vorgestellt. So lud eine der jüngeren Mütter, eine Erzieherin, in die Krabbelgruppe ein, die an jedem Dienstag von 10 bis 11:30 Uhr im Gemeindezentrum in der Bahnhofstrasse 59 zusammenkommt.

## REISEN

Nach der Leukämieerkrankung meines Mannes sollte 2007 unser Reisejahr werden. Israel und andere Länder hatten wir bereits gebucht. So mussten wir einige Reisen absagen. Eine Reise nach Kroatien traten wir aber mit Freunden an. Das war für uns alle sehr aufregend. Ganz erstaunt war ich dann über den guten Flughafenservice, denn mein Mann saß im Rollstuhl. Wir waren die ersten im Flugzeug und wurden als letzte herausgeführt.

So hatten wir oft schnell gute Beziehungen zu einigen hilfsbereiten Personen. Neben dem vielen Gepäck für meinen Mann hielt ich in meiner großen Tasche immer Bücher und CDs zum Verschenken bereit. Da wir durch den ersten Flug ermutigt waren, flogen wir im Winterhalbjahr häufiger, so dass wir mit einigen Flugbegleitern im Gespräch blieben und sie uns sagten, dass sie unsere Geschenke untereinander austauschten. Das ermutigte uns.

## FREIHEIT

*Lüdenscheider Nachrichten, Wort zum 2.6. 2007*

Eines meiner Lieblingsbibelworte in der Pfingstzeit lautet: **„Wo der Geist des Herrn ist, da ist Freiheit."** Zur Zeit der Apostel geschah das Pfingstwunder, als sie alle an einem Ort beieinander waren. Sie wurden mit dem Heiligen Geist erfüllt und fingen an, mutig zu predigen. Sie verkündeten die frohe Botschaft von der Liebe Gottes, die durch Jesus zur Vergebung aller Schuld führt. Jeder, der sich auf Jesus beruft, bekommt eine Beziehung zu Gott bis hin zur Ewigkeit.

Was bedeutet für uns heute diese gute Nachricht? Für mich bedeutet sie, dass ich auch die Freiheit geschenkt bekomme, offen über meinen Glauben und diese schwere Situation zu reden. Alles, was mich erfreut, gebe ich besonders gern weiter. Wie sieht es aber mit leidvollen Erfahrungen aus? Schweigt man da nicht lieber und tut so, als sei die Welt in Ordnung? Wie viel Freiheit haben wir dann zum Reden?

**Mein Mann und ich haben Ende Februar 2007 eine sehr leidvolle Erfahrung gemacht,** die auch noch nicht überwunden ist. Die Diagnose bei seinem Schlaganfall lautete: Schwerstbehinderung oder Tod. Eine Verbesserung stellt sich später ein, die halbseitige Lähmung an der linken Körperseite erfordert jedoch bis heute jeden Tag hartes Training.

Durch Mails wurde die Nachricht von der Erkrankung meines Mannes an Freunde geschickt, mit denen wir in unterschiedlichen Bereichen ehrenamtlich tätig sind. Wir sind dankbar für alle Gebete und ermutigenden Genesungswünsche. Das tut gut. Wir freuen uns darüber, was im medizinischen und therapeutischen Bereich inzwischen alles möglich ist.

Aber das darf uns nicht darüber hinwegtäuschen, dass die Sterberate bei uns allen bei 100 % liegt. Durch Jesus haben wir einen Platz im Himmel. Wir erfahren seine Liebe und Vergebung jeden Tag neu. Unser Auftrag ist es, sie an andere weiterzugeben. Wenn mein Mann nun gestorben wäre, wüsste ich trotz aller Trauer, er hat das Ziel erreicht. Bei Gott ist er gut aufgehoben. Wir sind dankbar, bei aller Schwere, dass wir eine geklärte Beziehung zueinander und zu Gott haben.

Gottes Geist bewirkt neben der Freiheit viele positive Eigenschaften. Mein Mann befindet sich im Heilungsprozess. Er lernt neu, zu gehen und vieles mehr. Gottes Geist gibt uns die Freiheit und den Glauben, diesen Weg gemeinsam mit ihm zu gehen. Wir sind gewiss, dass er auch daraus etwas Gutes für uns und für andere macht.

## Eheseminar

An diesem Wochenende, als das Wort über Freiheit in der Zeitung stand, war mein Mann noch in der Reha und ich hatte die Verantwortung für das Eheseminar in Siegen. Er durfte aber nur für eine Nacht die Klinik verlassen. Die zweite Nacht musste er in die Reha zurück und am nächsten Morgen wieder abgeholt werden.

So hatte ich auch das zu organisieren, neben unseren Vorträgen und andern Aufgaben. Das war aber nur möglich, weil Leisenbergs und andere Ehepaare uns verständnisvoll unterstützten. Mein Mann freute sich über die vielen guten Begegnungen und darüber, dass er seine Erfahrungen mitteilen konnte.

## Martins Dankesbrief

*Lüdenscheid, den 10.07.2007*

Ihr Lieben,

nun bin ich seit dem 15.06.2007 zu Hause und nehme an der ambulanten Reha im Klinikum Lüdenscheid teil. Sie findet an jedem Wochentag von morgens 8.30 Uhr (möglich durch Abholdienst) bis etwa 17 Uhr statt. Naturgemäß ist alles sehr anstrengend und intensiv.

So dient das jeweilige Wochenende der Erholung, der Stille, dem Gebet und dem meditativen Betrachten der Heilbehandlungen sowie dem biblischen Wort. Es wird noch viel Hingabe, Geduld und Beharrlichkeit verlangt und für die weitere Behandlung nötig sein. Mosaikstein für Mosaikstein an Verbesserungen reihen sich aneinander.

Doch wir sind guter Zuversicht auf völlige Heilung. Nur der Zeitpunkt ist noch völlig offen. Gott allein wird ihn wissen, **denn meine Zeit steht in seinen Händen** im Sinne von Psalm 31. Wir wollen uns vom Ziel her leiten lassen und hoffen auf ein Wunder von ihm. So erleben wir eine schwere, aber auch lehrreiche Zeit.

Meine Ehefrau Irmtraut betreut mich wie ein von Gott geschickter Engel. Sie verschafft mir ein Stück Vorhimmel. Dafür bin ich zutiefst dankbar und auch oft beschämt. Trotz aller Dramatik und Hilfsbedürftigkeit z. B. beim Aufstehen, Gehen und Treppensteigen erleben wir viele kleine Wunder.

Meine Mitteilungen geben mir Anlass, einem jeden von Euch herzlich für alles Mittragen und Beten von ganzem Herzen zu danken. Jede Fürbitte und jedes Zeichen der Liebe waren und sind ein Lichtblick bei der Wanderung durch dunkle Täler gewesen. Davon habe ich großen Trost und immer wieder neue Zuversicht geschöpft. Danke dafür, Ihr Lieben. Gott möge es Euch vergelten. Ich bin für alle Zuwendungen sehr, sehr dankbar.

In den Vorbereitungen für unser geplantes Eheseminar haben wir mit Unterstützung von Prof. Dr. Wolfgang und

Dr. Irmgard Leisenberg in der Fachklinik Hilchenbach mehrere Autorenlesungen aus unserem Buch *Neues entdecken – ein Leben lang* durchgeführt. Wir hatten jedesmal einen vollen Veranstaltungsraum und ausgezeichnete Gespräche miteinander.

Dies ist umso überraschender für uns, weil wir niemanden außer dem Ehepaar Klempnauer kannten. Mit diesem Test erlebte ich eine gute Vorbereitung für das Eheseminar. Dort konnte ich mich als Referent einbringen. Die Herausforderungen haben mir gut getan und mich weitergebracht.

Anbei noch zwei Worte zum Sonntag, die Irmtraut für unsere heimische Zeitung verfasst hat. Sie teilen einiges aus unserem Leben mit. Die Themen sind: *Zeit planen* und *Freiheit*. Viel Freude beim Lesen.

Seid nun alle ganz herzlich gegrüßt und von Gott gesegnet,

Euer Martin mit Irmtraut

## Unser veränderter Tagesablauf

In der Zeit der ambulanten Reha hatte ich sehr viel Freiheit, meinen Tagesablauf so zu gestalten, wie ich es für richtig hielt. Das änderte sich, als ich Martin fast täglich zu einer anderen Therapie fahren musste.

Dennoch war es uns beiden wichtig, dass wir unsere gemeinsamen Aufgaben und ich auch meine eigenen weiter wahrnahm. Dazu gehörte besonders der Bibelkreis, der zweimal im Monat morgens um 10 Uhr in unserem Gemeindezentrum stattfindet.

Außerdem kam wöchentlich nach Absprache ein Freund, mit dem Martin biblische Fragen erörterte. Dieser war uns vielfältig eine Hilfe, weil ich in der Zeit meine Termine planen und durchführen konnte. In der Zeit entstand ja auch das Buch „Familien-Zentren – Wo sich kleine und große Persönlichkeiten begegnen". Da mein Mann viel schlief, konnte ich mit meiner Enkelin Jeka abends lange am Computer schreiben.

Seit 1999 bin ich im Vorstand von *Hour of Power* und war zu zwei Interviews in Augsburg. Ein Gespräch betraf auch die Krankheit meines Mannes. Beide Gespräche wurden in den amerikanischen Gottesdienst eingefügt und später gesendet.

Im Vorstand von *Hour of Power* lernte ich Norman Rentrop kennen, dem es ein großes Anliegen wurde, den ersten deutschen christlichen Sender *Bibel TV* zu gründen. Dafür investierte er viel Gebet und Geld. Seit der Zeit sind wir freundschaftlich miteinander verbunden.

Im Jahr 2012 feierten wir das 10-jährige Bestehen des Senders. Welch ein Wunder! Auch in Hamburg bei Bibel TV war ich an einem Tag zu zwei Gesprächen. Norman Renntrop hat in Lüdenscheid im Rahmen des *Gesprächsforums Leben + Glauben* seine Geschichte „Von der Hotelzimmerbibel zu Bibel TV" erzählt. Alle fünf Sendungen sind auf meiner Homepage zu sehen.

**Mein Mann erfreute sich an vielen christlichen Sendungen.** Sie taten seiner Seele gut, und er ermutigte mich zu solchen Einsätzen. Natürlich musste er in meiner Abwesenheit gut versorgt sein. Das konnte ich mit meiner Familie vor Ort und Freunden organisieren.

Über Glaubensgewissheit rede und schreibe ich besonders gern, wie der folgende Bericht zeigt. Natürlich bekommen ehemalige Kindergartenkinder und befreundete Kinder zur Konfirmation ein passendes Buch geschenkt.

## GEWISSHEIT

*Lüdenscheider Nachrichten, Wort zum 5.04.2008*

Morgen wird in vielen evangelischen Kirchen die Konfirmation gefeiert. Viele Mädchen und Jungen sind in den letzten zwei Jahren im Unterricht darauf vorbereitet worden.

Wenn ich an meine Konfirmation zurückdenke, war es für mich nur eine christliche Tradition. Sie ist aber wichtig, damit eine gute Saat gesät wird, die später aufgehen kann. In der Predigt bei der Konfirmation sagte der Pfarrer, dass es gar nicht wichtig sei, ob wir ein schönes Kleid oder einen neuen Anzug anhätten.

**Äußerlichkeiten sollten nicht so wichtig sein,** aber in Wirklichkeit war es doch so, dass man sehr viel Wert darauf legte. Wie sieht das heute aus? Sind es nicht auch die Geschenke, die Besuche und die große Feier? Will nicht jeder einen besonders guten Eindruck machen und schick aussehen?

Was ich damals glaubte, kann ich nicht so gut in Worte fassen. Ich machte mir schon so meine Gedanken darüber. Woher komme ich? Wozu lebe ich? Wohin gehe ich? Auf diese Fragen habe ich bereits Antworten gefunden. So freue ich mich, in persönlichen Gesprächen oder auch in Gruppen davon zu erzählen. Möglichkeiten ergaben sich zum Beispiel, wenn unser Gemeindepfarrer Urlaub hatte und ich gern den Konfirmandenunterricht für ihn übernahm.

Einige Konfirmandinnen und Konfirmanden waren ehemalige Kindergartenkinder aus dem Kindergarten, den ich mehr als 30 Jahre geleitet hatte. Ich freute mich darauf, sie wiederzusehen. Zu unserem Jahresprogramm gehörte es auch, dass die Konfirmanden unseren Kindergarten besuchten. Wir konnten Erinnerungen und Erlebnisse austauschen und hatten oft etwas zu lachen. Der Unterricht im Gemeindezentrum machte mir viel Freude.

Eines meiner Lieblingsanliegen ist natürlich, dass möglichst viele die Gewissheit im Glauben erleben. Ich fragte jeweils ganz konkret, **ob man denn gewiss sein kann, in den Himmel zu kommen.** Die meisten meinten: nein, das könne man nicht wissen.

Wir tauschten uns sehr ehrlich und tiefgehend darüber aus. Ich ließ sie zur Verdeutlichung eine Bibelstelle auswendig lernen, die im 1. Johannesbrief Kap. 5, Vers 12 und 13 steht. Dort heißt es: „Wer den Sohn Gottes hat, der hat das Leben. Wer den Sohn Gottes nicht hat, der hat das Leben nicht. Dies schreibe ich euch, die ihr an den Namen des Sohnes Gottes glaubt, damit ihr wisst, dass ihr das ewige Leben habt."

In der nächsten Konfirmandenstunde habe ich diese Verse abgehört und noch einmal die Frage nach der Gewissheit gestellt. Die Antwort von einigen war: „**Ja, jetzt habe ich die Gewissheit, seit der letzten Stunde.** Nachdem ich die Bibelverse auswendig gelernt habe, ist es mir aufgegangen, dass Jesus letztlich alles für uns getan hat."

Wenn wir an ihn glauben, können wir gewiss sein, dass wir zu ihm kommen werden. Diese Gewissheit wünsche ich allen Leserinnen und Lesern und natürlich besonders allen Konfirmandinnen und Konfirmanden. Es ist eine Freude zu wissen, dass unser Name im Himmel aufgeschrieben ist.

## Wertschätzende Kommunikation

Viel Zeit verbrachten mein Mann und ich während seiner Krankheit mit Gebeten, Gesprächen und Hören von Vorträgen. Uns war es wichtig, alles abzuklären, um Missverständnissen vorzubeugen. Auch unsere Lebensgeschichten haben wir mehrfach durchleuchtet. Wir wollten mit unserer Vergangenheit versöhnt sein und bereinigen, was zwischen uns und Gott stand.

Für meinen Mann bestand immer wieder Klärungsbedarf, während ich in meinem Leben einmal eine *Grundbereinigung* gemacht habe und danach möglichst in einer *Sofortreinigung* lebe. Das bedeutet, dass ich – so es an mir liegt – Frieden mit allen habe.

Jeder Mensch hat eine gewisse Veranlagung geerbt, er wird von seiner Umwelt geprägt und muss nun lernen, daraus möglichst positive Schlüsse zu ziehen. Denn jeder wird in seinem Leben immer wieder verletzt. Dann kommt es darauf an, wie wir reagieren.

Es ist gut zu überlegen: was ist mein Anteil an dem Konflikt, und gut, es einzusehen, einzugestehen und sich zu entschuldigen. Das klingt so leicht. In der Situation selbst ist es aber schwer, weil jeder sich im Recht fühlt. Ich kann mich leichter für meinen Anteil entschuldigen, auch wenn er mir sehr klein erscheint.

Vergebung ist der Schlüssel für gute Beziehungen. Zum Vergeben kann ich mich entscheiden und entsprechend handeln. Wenn ich es in Jesu Namen tue, geht es tiefer, weil Jesus uns grundsätzlich immer vergibt, wenn wir unser Fehlverhalten bereuen.

Gott sandte Jesus, weil er uns liebt, vergibt und uns einen Platz im Himmel schenkt. Das können auch Kinder begreifen, Jesus hat sie uns sogar als Vorbild hingestellt. Jesu Liebe macht uns liebesfähig, seine Vergebung macht uns vergebungsfähig. Diese Worte erscheinen immer wieder in meinem Buchteil, denn durch Wiederholung lernen wir.

Dazu gibt es einen wunderbaren Satz: „**Gesagt ist noch nicht gehört, gehört bedeutet noch nicht verstanden, verstanden heißt noch nicht einverstanden, einverstanden bedeutet nicht, dass ich es tue, und einmal getan ist noch lange keine Gewohnheit.**" Ich möchte noch hinzufügen, gedacht ist noch nicht gesagt. Denn was mich tief bewegt, das kann ich nicht jedem sagen. Dazu braucht man Mut und vertraute Personen.

Haben wir uns schon einmal Gedanken darüber gemacht, worüber wir so den ganzen Tag nachdenken? Aus jedem Gedanken können wir ein Gebet machen. Über die Zeitung und das Fernsehprogramm können wir mit Gott reden. Es ist auch wichtig, laut zu beten, denn angeblich hören wir auf unsere eigene Stimme am besten. Wir sind geliebt, uns ist vergeben, dafür können wir Gott laut loben und danken.

Was für ein Temperament habe ich? Bin ich unbeherrscht und leicht wütend oder aber ein armer Schlucker, der alles schluckt und sich kaum äußert? Da gibt es so viele Varianten wie Menschen, und alles hat mit unseren Prägungen, Erkenntnissen und Entscheidungen zu tun.

**In der Kommunikation ist es leicht, über Informationen zu reden. Viel schwerer ist es, über Gedanken und Gefühle zu sprechen** – weil man die bei dem Anderen nicht immer nachvollziehen kann. Um ganz offen und ehrlich zu werden, brauchen wir Personen unseres Vertrauens und die Bereitschaft zum Lernen.

Für gute Gespräche brauchen wir den richtigen Zeitpunkt und die volle Aufmerksamkeit unseres Gegenübers. Das zeigt sich durch Blickkontakt und unsere Körperhaltung. Denn bei dem anderen kommt nicht nur an, was wir sagen, sondern: wie wir es sagen mit Mimik, Gestik und Tonfall. **Der ganze Körper spricht.**

Unser Haus in Lüdenscheid gehört Gott, deshalb haben wir häufig Übernachtungsgäste. Das war auch in der Krankheitsphase meines Mannes so. Da ging es um klare Absprachen. Ich sagte meistens, auch zu völlig unbekannten Personen: „Fühlt Euch wie zu Hause, alles gehört Euch, so lange Ihr bei uns seid. Wenn Ihr geht, müsst Ihr sagen, was Ihr mitnehmen möchtet."

Nach dem Tod meines Mannes haben fünf Frauen, die an einem Wochenendseminar in Lüdenscheid teilnahmen, bei uns übernachtet. Da ich viele Bücher und auch Kleidungsstücke von mir zu verschenken hatte, fuhren alle mit reichlich Gepäck beladen nach Hause.

Wie sieht es aber mit unseren Grundbedürfnissen aus? Welche Mangelerscheinungen haben wir? Manche verleugnen ihre Bedürfnisse, suchen sie in Leistung oder fordern sie von ihrem Partner.

Aus Erfahrung wissen wir, das Liebe, Geborgenheit, Helfen und Gemeinsamkeit die wichtigsten Grundbedürfnisse sind. Für mich war die Frage nach dem Sinn des Lebens eine elementare Frage, so lange ich denken kann (ausführlicher habe ich in unserem Buch *Neues entdecken – ein Leben lang* über diese Themen geschrieben).

## Sonniger Süden

Im November 2007 flogen mein Mann und ich nach Fuerteventura in ein Hotel, das wir bereits kannten. Am ersten Morgen schaute ich mich im großen Speisesaal recht hilflos um. Sofort sprang ein aufmerksamer Gast auf und bot mir seine Hilfe an, einen guten Platz zu finden und mir die nötigen Informationen zu geben. Das geschah in den nächsten Tagen immer wieder. So blieben wir im Gespräch und ich fragte ihn, ob er gerne liest. Seine Antwort war: „Ich nicht, aber meine Frau, die freut sich über ein Buch mit einer Widmung von Ihnen."

Eines Abends, als mein Mann die Sportschau im Fernsehen sah, erkundete ich die nächsten Hotels. Ich suchte eins, das für Behinderte besser geeignet war. Dabei traf ich dieses freundliche Ehepaar. Sie luden mich zu einem Discoabend mit Livemusik in unserem Hotel ein. Ich sagte, dass ich meinen Mann nur eine Stunde allein lassen kann. Wenn er ins Bett möchte und er einverstanden sei, würde ich kommen.

Mein Mann freute sich, als ich kam, denn er war müde. Ich erzählte ihm von meiner Einladung, und er sagte sofort: „Wenn du mich ins Bett gebracht hast, kannst du gerne gehen, dann hast du etwas Abwechslung." Das Ehepaar freute sich ebenfalls, als ich kam. Der Mann fragte mich: **„Tanzen sie eigentlich?"** Seine Frau antwortete: **„Sogar gern, das habe ich schon in Ihrem Buch gelesen.** Ich geh mir lieber eine rauchen." Das geschah dann häufiger, während wir tanzten.

Später standen wir dann noch mit anderen Gästen an Stehtischen und unterhielten uns fröhlich. Einige Männer meinten, sie hätten uns ja auch schon beim Treppensteigen ihre Hilfe angeboten. Ich erklärte, dass mein Mann das üben muss, auch wenn alles langsam geht. Aber ich würde gern ihre Hilfe am Abreisetag in Anspruch nehmen, da habe ich zwei große Koffer und meinen Mann im Rollstuhl. Sofort sagte einer: „Mich können Sie zu jeder Zeit wecken, ich bin für Sie da."

So geschah es dann auch. Ich machte diesen Herrn am nächsten Morgen mit meinem Mann bekannt. Er brachte uns bei der Abreise bis zum Bus und winkte uns beim Wegfahren. Natürlich hatte ich durch diesen Tanzabend einige neue Kontakte und auch die Möglichkeit, Bücher an Interessierte zu verschenken.

Eine besondere Erfahrung machte ich noch beim Frühstücksbuffet. Eine Frau in meinem Alter sagte mir: „Ich beobachte sie schon ganz lange und bewundere sie. Ich staune, wie elegant sie mit dem Handicap Ihres Mannes umgehen, wie fröhlich sie dabei sind und immer auch noch schick aussehen." Daraus ergab sich ein gutes Gespräch, und diese Frau bekam natürlich mein letztes Buch, das ich noch mithatte.

## HIMMLISCHES

*Lüdenscheider Nachrichten Wort zum 15.11.2008*

Der November ist ein trüber Monat. Für manche auch ein trauriger Monat. Mein Mann und ich gönnen uns etwas Gutes: wir fliegen in den Süden. So können wir uns am blauen Meer, dem weißen Strand und der warmen Sonne erfreuen.

Des Öfteren habe ich schon erlebt, dass ich in Gesprächen mit anderen Urlaubern ins Schwärmen kam. Ich sagte ganz begeistert: „Haben wir es hier nicht schön? Nur im Himmel kann es noch schöner sein. Ich sage gern, wer einen Platz im Himmel hat, der hat auf der Erde gut reden. **Haben Sie auch schon einen Platz im Himmel?"**

Bei dieser Frage konnte ich bisher alle Facetten im Gesicht meines Gesprächspartners ablesen, von positiver Zustimmung bis zu entsetzter Ablehnung kamen unterschiedliche Reaktionen. Aber auch ganz bewusste Fragen wie: „Den hätte ich auch gern, wie bekomme ich ihn?" Das war oft der Anfang zu einem guten Gespräch.

Vor kurzem las ich das Buch von Don Piper mit dem Titel: „90 Minuten im Himmel – Erfahrungen zwischen Leben und Tod." Bei einem Verkehrsunfall wurde sein Auto von einem LKW völlig zerquetscht. Die Sanitäter konnten nur noch seinen Tod feststellen. Sein lebloser Körper lag in dem Autowrack, doch seine Seele erlebte bereits die unbeschreibliche Schönheit des Himmels. 90 Minuten nach dem Unfall kehrte er durch Gebet und Wiederbelebung ins Leben zurück. In den folgenden Monaten durchlebte er eine schmerzhafte Zeit. Zahlreiche Operationen musste er erdulden. Doch was ihn in dieser Zeit tröstete, waren die wunderbaren Erlebnisse im Himmel.

Lange konnte und wollte Don Piper nicht über seine Nahtoderfahrungen reden, denn sie schienen ihm zu heilig und zu persönlich. Doch nun läßt er uns an diesem einzigartigen Erlebnis teilhaben. Dies geschieht nicht nur durch das Buch. Wir sahen ihn auch im Fernsehen bei Bibel TV im Gespräch. Er bezeugte, dass alle, die sich für Jesus Christus entschieden haben, im Himmel freudig empfangen werden. So hatte er es erlebt. Er wäre am liebsten gleich dort geblieben.

Aber nun hat er von Gott den Auftrag, es als Pfarrer allen mitzuteilen. Dies geschieht durch Vorträge und Gespräche. Wir können uns also auf den Himmel freuen. „Denn wer einen Platz im Himmel hat, der hat auf Erden gut reden."

## Austausch

Über die Themen, die ich jeweils schrieb, haben wir uns natürlich immer intensiv ausgetauscht. Die Meinung meines Mannes war mir wichtig, weil er ganz anders dachte und andere Ideen hatte. Das Buch von Don Piper, das bei Gerth Medien erschienen ist, konnte ich ihm als Ganzes nicht mehr zu muten, da er in der Krankheit zu sensibel geworden war. Aber die himmlischen Passagen ermutigten ihn sehr.

„Der Herr hat Großes an uns getan, des sind wir fröhlich."
Dieser Vers, der groß auf einer Holzplatte eingraviert ist, hängt

im Eingangsbereich über unserer Wohnzimmertür. Wir haben ihn von meiner Schwiegermutter als Erbstück mitgenommen. So konnte ich über Freude schreiben, auch wenn mein Mann manchmal sehr traurig war.

## FREUDE

*Lüdenscheider Nachrichten Wort zum 21.02.2009*

Wohl nie werde ich das Bild vergessen, das sich uns bot, als mein Mann und ich einmal unsere älteste Tochter in ihrer Familie besuchten. Unsere Enkeltochter war ein strahlendes kleines Mädchen. Sie konnte noch nicht laufen. Unsere Tochter hielt sie an den Händen, als wir die Treppe hochkamen. Bei unserem Anblick hüpfte sie vor Freude. Ihr ganzer Körper drückte Freude aus. Sie jubelte und lachte.

Wer kann Freude unbefangener und unmittelbarer äussern als Kinder? Diese Erfahrung machte ich häufig. Kinder lachen und scherzen gern. Sie können sich von Herzen über kleine Dinge freuen. Sie erfinden lustige Geschichten, machen Witze oder spielen Clown. Besonders geniessen sie es, wenn man bewusst etwas falsch macht und sie dann die „Klügeren" sind.

**Lachen ist gesund.** Das habe ich vor kurzem gelesen. Da gab es zwölf Punkte zur Erhaltung der Gesundheit. Zwei davon habe ich mir gemerkt. Erstens sollten wir möglichst oft am Tag herzhaft lachen, zum anderen braucht jeder Mensch täglich seine „Streicheleinheiten", auch zur Vorbeugung gegen Krankheiten.

Wie groß die Sehnsucht nach Freude ist, zeigen auch die Karnevalsveranstaltungen. Die Menschen wollen lachen, singen, tanzen, klatschen und schunkeln und damit für den Moment die Sorgen des Alltags vergessen.

Auch Jesus war das Feiern wichtig. Erstaunlich für mich ist, dass sein erstes Wunder die Verwandlung von Wasser in Wein war. Dies geschah bei einer Hochzeitsfeier. Wie aber können wir täglich erfüllt sein von Freude? Ein Sprichwort lautet: „denn die Freude, die wir geben, kehrt ins eigene Herz zurück." In der Bibel steht dazu: **„Die Freude am Herrn ist meine Kraft."** Für mich bedeutet es, täglich an die Kraftquelle zu gehen, die Jesus heisst, damit er mir Freude schenkt, die ich dann weitergeben kann.

Bei einer anderen Gelegenheit sagte Jesus zu seinen Jüngern: „Freut euch aber, dass eure Namen im Himmel aufgeschrieben sind." Die Gewissheit darüber schenkt uns eine tiefe Lebensfreude, die uns täglich neu erfüllt. Diese Freude wünsche ich allen Lesern.

**Ist Freude nicht ein grosser Reichtum?**

# REICH

*Lüdenscheider Nachrichten, Wort zum 22.08.2009*

Ein reicher Mann starb und erwachte in einer neuen Welt. Eine reich gedeckte Tafel verhieß ihm wahrhaft himmlische Freuden. Er fragte nach dem Preis der köstlichen Speisen. „Alles kostet nur einen Cent!", war die Antwort. Der Mann freute sich, denn er war sehr reich.

Als er bezahlen wollte, sagte man ihm: **"Hier gilt nur das Geld, das einer zu Lebzeiten verschenkt hat."** Da wurde der Mann sehr traurig, denn er hatte zu Lebzeiten nie etwas verschenkt. Er war plötzlich bettelarm.

Wir können aus diesem Leben nichts mitnehmen, aber wir können viel vorausschicken. Was bedeutet nun, reich zu sein? Wer ist wirklich reich? Ein großer Teil der Weltbevölkerung ist von Hunger und Krieg betroffen und nach unserem Verständnis bettelarm.

Ein alter Afrikaner sagte: „Bessere Lebensbedingungen zu haben bedeutet nicht, es besser zu haben." Im Talmud, einer jüdischen Lehrsammlung, steht zu diesem Thema: **„Reich ist der, der mit dem zufrieden ist, was er hat."**

Während meiner Tätigkeit als Leiterin im Kindergarten sagte ich einmal zu einer friedlich spielenden Kindergruppe: „Na, ihr Schätze!" Sie kicherten und lachten. Ein Kind sagte: „Sind wir etwa mehr als Gold und Silber?" Ich erwiderte: „Viel mehr." Sie strahlten.

In der Bibel, im Neuen Testament, sagt Jesus im Johannesevangelium Kapitel 10, Vers 10: **„Ich bin gekommen, damit ihr das Leben in Fülle habt."** Was bedeutet das ganz praktisch für jeden einzelnen von uns? Welches ist unser Maßstab? Sind wir eher arm oder reich? Gibt es nicht eine Vielfalt an Reichtümern materieller und ideeller Art? Deutschland ist ein reiches Land. Haben nicht alle Nahrung, Kleidung und eine Wohnung?

Dem Staat und vielen Initiativen ist es ein großes Anliegen, dass es allen gut geht. Woran mangelt es uns dann? Fügen wir uns nicht manche Not selbst und andern zu? **"Wohl dem Volk, dessen Gott der Herr ist,"** steht auch in der Bibel. Denen wird es wohlergehen, die nach seinen Massstäben leben lernen.

Hier gibt es eine Quelle, die unser Leben reich machen will. Reich an Freude, Friede, Liebe, Hoffnung, Vergebung, Dankbarkeit, Barmherzigkeit, ewigem Leben und Beziehungen. Reichtum in diesem Sinne wünsche ich auch allen Lesern.

## Unser letzter Urlaub

In diesem beschriebenen Reichtum traten wir unseren letzten gemeinsamen Urlaub an. Da sich die Leukämie im Sommer 2009 wieder bei meinem Mann zeigte, wurde es eine besonders intensive Zeit. Die Ärzte gaben ihm noch eine Lebenszeit von ein paar Monaten. Zwischen den regelmäßigen Blutübertragungen waren wir weiter unternehmungswillig.

Bevor wir reisten, feierten wir am 25. September, Martins 71. Geburtstag, in Holzminden sein Jubiläum „50 Jahre Bauingenieur". Er war damals mit 21 Jahren der Jüngste. Martin nutzte seinen Geburtstag zu einer kurzen Rede mit dem Angebot unseres Buches als Geschenk. Ich durfte in 26 Bücher Widmungen schreiben. Später erfuhr ich, dass ein Ehepaar es weitergereicht hatte und es fünf Personen gelesen haben.

Freunde brachten uns am nächsten Tag wieder nach Hause. Martin durfte schlafen, während ich seine Geburtstagsfeier vorbereite. Es kamen abends etwa 50 Gäste, die alle gute

Laune und Essbares mitbrachten. Es war seine letzte große Feier, die er sehr genoss. Auch unsere goldene Hochzeit hatte er bereits geplant. Meine älteste Tochter meinte: „Ihr seid ja nicht normal, selbst gesunde Menschen haben nicht solch ein Programm." Aus ihrer Sicht hatte sie recht.

**Wir überlegten dann im Familienkreis bis kurz vor unserem Abflug, ob wir reisen sollten oder nicht.** Wir führten alle Vorteile, aber auch alle Nachteile auf. Ich wusste, wenn mein Mann ja sagt, dann hat er auch den Willen, es zu schaffen.

So flogen wir wieder nach Fuerteventura, diesmal in ein Hotel, das besser für Behinderte ausgestattet ist. Dort trafen wir das freundliche Ehepaar vom letzten Aufenthalt wieder. Die Frau war durch eine Verletzung zeitweise gehbehindert. Der Mann war ja bei unserem ersten Aufenthalt ausgesprochen hilfsbereit gewesen. Bei unserem zweiten Treffen nun entstand eine Freundschaft. Sie waren mit zwei anderen Ehepaaren dort, und auch mein Mann freute sich über die Gelegenheit, vorwiegend mit den Männern über Gott und die Welt und auch über Sport zu reden.

Für mich ergaben sich wieder viele Möglichkeiten zu persönlichen Gesprächen. Ich verschenke ja immer gern ein *Ticket zum Himmel*, ein Kärtchen mit einem Bibelwort. So fragte mich eine Frau, ob ich für ihre Schwägerin auch noch eins hätte. Da ich gerade keins hatte, sagte ich: „Gib doch Deins einfach weiter". Ihre Antwort war: „Meins gebe ich nicht mehr her." Ihr Mann sagte: „Du musst auch glauben, was drauf steht."

Vor unserer letzten Reise telefonierten wir mit diesem Ehepaar. Sie waren eine gewisse Zeit gemeinsam mit uns auf der Insel, aber in einem anderen Hotel. Trotzdem besuchte der Mann uns regelmäßig. Er hatte eine humorvolle und ermutigende Art, die uns beide erheiterte.

Nach seiner Abreise wurde Martin in den letzten Tagen des Urlaubs sichtlich schwächer. Sein Appetit nahm ab und er hatte keine Kraft mehr, mich beim Aufstehen zu unterstützen. Der Hausmeister, ein schwarzgelockter, junger Spanier, half mir, ihn in den letzten drei Tagen aus dem Bett zu heben.

Auf meine Anweisung in Köpersprache stand Martin mit einem Ruck, und wir konnten ihn in den Rollstuhl setzen. Am Sonntag fuhr ich ihn noch durch die wunderschöne Anlage. Er trank einen Cappuccino am Schwimmbad und telefonierte ausgiebig mit unseren beiden Töchtern und den erwachsenen Enkelkindern.

Am Montag war unser Abreisetag. Unser Hausmeister brachte uns zum Taxi. Beim Abschied drückte und küsste er zuerst Martin und dann auch mich. Der Hoteldirektor verabschiedete uns ebenfalls sehr herzlich. Beide winkten uns noch lange nach. Anfang des Jahres 2012 war ich für eine Woche wieder in diesem Hotel. Der Direktor hatte gerade eine Chemotherapie hinter sich, da er an Krebs erkrankt war. Natürlich gab es nicht nur mit ihm gute Gespräche.

Die Rückreise mit meinem Mann war sehr aufregend. Ich betete immer, dass wir es noch bis nach Hause schaffen würden. Die Zeit in der Sonne war besonders gesegnet gewesen. Wir hatten nur Zeit für uns in Gottes Gegenwart. Ich zitierte auch unseren Pastor Paul Deitenbeck und sagte: „Paul hat immer gesagt: **Zum Schluss bleibt nur noch Jesus! – Stimmt das?"**

Martin sagte: „Ja, damals habe ich es nicht ganz geglaubt, doch jetzt merke ich, dass alles andere an Bedeutung verliert. **Zum Schluss bleibt wirklich nur noch Jesus.**"

In der Nacht unserer Ankunft trug meine älteste Tochter mit ihren beiden erwachsenen Kindern meinen Mann mit dem Rollstuhl die Treppen hoch in unser Schlafzimmer. Die letzten drei Tage halfen sie mir auch bei der Pflege, denn Martin blieb im Bett. Zum Schluss kam auch einmal ein Pflegedienst. Sonst brauchte ich vorher keine weitere Hilfe.

Den folgenden Brief habe ich mit Anhang an viele Freunde und Bekannte per Mail gesendet:

## „EWIG BEI JESUS"

*5.12.2009*

Liebe Freunde und Bekannte,

in einem sonnigen Urlaub auf Fuerteventura konnten mein Mann und ich noch einmal unser „Leben in Fülle" (Joh. 10,10) überdenken.

Mein Mann lebte gerne und hatte lange den Wunsch, von Jesus körperlich geheilt zu werden.
Dies geschah so nicht.

Martin sagte häufig: „Wir sind alle Diamanten, wir müssen nur noch geschliffen werden."
So waren wir gemeinsam seit Anfang 2006 besonders intensiv in Gottes Diamantenschleiferei.

Dies hat uns barmherziger gemacht. Liebe, Vergebung und durch Jesus einen Platz im Himmel zu haben – das waren unsere ständigen Themen.

Da sich keine körperliche Heilung zeigte, wuchs in Martin der Wunsch **„Ich habe Lust abzuscheiden, um beim Herrn zu sein"** (Phil. 1, 23). Am Ende des Urlaubs wollte er nach Hause, dort in seinem Bett einschlafen und bei Gott aufwachen.

So geschah es dann auch. Am Montag, dem 30. November, holten uns unsere älteste Tochter Katja mit ihren erwachsenen Kindern Jeka und Jörn spät abends am Flughafen in Dortmund ab.
Sie unterstützten mich auch in der Pflege bis zu seinem Einschlafen in der Nacht zum Freitag, dem 4. Dezember. Nun darf er sehen, was er geglaubt hat, und die Freude im Himmel erleben.

Mit unserer jüngsten Tochter und unserem Schwiegersohn telefonierte ich ständig. Sie besuchten uns mit ihren zwei Kindern und verbrachten die erste Nacht ohne Martin bei mir. Auch sein einziger noch lebender Bruder Wilhelm rief täglich an.

Wir sind dankbar für das anhaltende Interesse, die liebevolle Begleitung und alle Gebetsunterstützung. So fühle ich mich getragen, getröstet und geborgen.

Gott segne Euch alle.

Eure Irmtraut
und Familie

Lebensbericht über Martin aus den Lüdenscheider Nachrichten von Willy Finke:

## Ein Mann, den Lüdenscheid nicht vergessen wird

*5.12. 2009*

**Martin Huneke, engagierter Christ und langjähriger Leiter des Bauaufsichtsamtes der Stadt Lüdenscheid, ist gestern im Alter von 71 Jahren gestorben. Predigtdienste, Buchveröffentlichungen und zahlreiche religiös geprägte Veranstaltungen. Beisetzung am Mittwoch.**

Gerade einmal acht Jahre lang konnte er seinen Ruhestand genießen, der doch stets ein Unruhestand blieb. Martin Huneke, langjähriger Leiter des Bauaufsichtsamtes der Stadt Lüdenscheid, ist gestern im Alter von 71 Jahren gestorben.

Viele Lüdenscheider werden ihn in bester Erinnerung behalten. Einerseits als den angesehenen und kenntnisreichen Beamten, andererseits als den engagierten und herzensguten Christen, der sein Christsein lebte, ohne es aufdringlich vor sich her zu tragen. Und der es verstand, durch Predigtdienste, Buchveröffentlichungen und als Veranstalter religiös geprägter Vortragsabende seine Mitmenschen im besten Sinne zu beeindrucken.

„Ich bin ein gebremster Dynamiker." Das sagte Martin Huneke selbst von sich, als er im Jahr 2001 in den Ruhestand ging. Was er damit meinte und was alle, die ihn kennen durften, bestätigen werden: Im Zweifelsfall konnte er laut werden, auch energisch. Aber er blieb immer verbindlich und – letzten Endes – auch immer liebenswert.

Martin Huneke wurde am 25. September 1938 in Schlangen (Kreis Lippe) als eines von sieben Geschwistern geboren. Nach der Maurerlehre blieb der handfeste, zupackende junge Mann zunächst am Bau, studierte dann und machte als Hochbau-Ingenieur seinen Weg.

1964 führte sein Werdegang nach Lüdenscheid. Nach einem Intermezzo als stellvertretender Bauamtsleiter von 1972 bis 1980 in Meinerzhagen ging er schließlich zurück in die Bergstadt, seinen Wohnort.

Im Laufe der Jahre avancierte er zu einem gefragten Experten mit berufsständischen Ehrenämtern, doch dies blieb immer nur die eine Seite des Martin Huneke. Die andere Seite: das war der liebevolle Familienvater, der begeisterte Schwimmer, Wanderer und Tänzer. Vor allem war das aber der Christ, dem es nicht genügte, für sich selbst den richtigen Weg gefunden zu haben.

Mit Hingabe widmete er sich dem Gemeinwohl und der christlichen Botschaft – sei es als Presbyter der Christuskirchen-Gemeinde oder als Veranstalter christlicher Seminare, in denen es um Familie und Ehe, Bibel und Bekenntnis ging und um die Frage **„Wie gehen wir miteinander um?"**

Mit Martin Huneke verliert nicht nur seine Familie, sondern die Stadt Lüdenscheid einen bemerkenswerten

Mann, der – bei aller persönlichen Bescheidenheit – wusste, was er wollte und für wen er es wollte.

Mit seiner Ehefrau, seinen beiden Kindern und den vier Enkeln trauern viele Menschen. Verabschieden können sie sich von ihm am Mittwoch um 13 Uhr in der Kapelle des evangelischen Friedhofs.

## DANKSAGUNG ZUM HEIMGANG VON MARTIN HUNEKE

*Dezember 2009*

Liebe Freunde und Bekannte,

wir sind tief bewegt über die große Anteilnahme an Martins Auferstehungs-Feier.

Sein Wunsch war es, dass das Wort Jesu nach Joh. 11, 25 die Grundlage für die Andacht war. Da heißt es: **„Ich bin die Auferstehung und das Leben, wer an mich glaubt, wird leben, auch wenn er stirbt. Und wer da lebt und glaubt an mich, der wird nimmermehr sterben."**

Die von ihm ausgewählten Lieder drückten ebenfalls Martins Freude, Zuversicht und Glaubensgewissheit aus. Nach der Ansprache unseres Gemeindepfarrers Rainer Gremmels hatte ich die Freiheit, u.a. auch einiges über unsere letzte gemeinsame Zeit zu berichten. Unser Schwiegersohn stand als emotionale Stütze neben mir, falls mir die Stimme versagen oder ich in Tränen ausbrechen sollte. Dies geschah bei Martin durch seine Krankheit häufiger, wenn wir gemeinsam predigten oder Vorträge hielten.

Auch Richard Aidoo, Pastor einer internationalen, mehrsprachigen Gemeinde aus Düsseldorf, der uns fast jede Woche besuchte, fand bewegende Worte für Martin, die unsere Herzen berührten. Außergewöhnlich ist, dass er auch in diesem Jahr wieder über 100 Moslems aus unterschiedlichen Nationen getauft hat. Seine Frau Sigrid sang für uns **„Du bist mein Zufluchtsort"**.

In der Zeit der Krankheit wurde Martin mehr und mehr von Dankbarkeit und Barmherzigkeit erfüllt. So fiel es ihm immer leichter, unsere Beziehung zueinander und zu Gott sofort zu klären. Während Martin in Lüdenscheid das Bauaufsichtsamt leitete, musste er in beruflicher Hinsicht stets gesetzmäßig handeln. Das Gesetz traf manche hart. Martin suchte häufig nach Lösungen.

Im Glauben ist Jesus des Gesetzes Erfüllung; weil wir es nicht können, tritt er für uns ein. So sagte Martin in den letzten Wochen mehrfach: „**Wenn ich jemanden verletzt habe, würde ich ihn gerne um Vergebung bitten.**" Dies konnte ich dann stellvertretend in der Friedhofskapelle und auch jetzt hier durch diesen Brief für ihn tun.

Verletzungen entstehen häufig durch unterschiedliche Sichtweisen und Missverständnisse. Wir müssen nicht alles verstehen. Aber wir dürfen lernen, uns gegenseitig stehen zu lassen. Das haben wir in unserer Ehe bis zum Schluss geübt. Vergebung macht den frei, der vergibt und den froh, dem vergeben wurde. Wir freuen uns, dass wir, so es an uns liegt, Frieden mit jedermann haben dürfen (nach Römer 12,18).

Wir als Familie sind eingebunden in eine wunderbare, hilfsbereite Nachbarschaft. Wir sind dankbar für ein großes freundschaftliches Beziehungsnetz, zu dem auch etliche aus unserer Gemeinde und aus dem Rat und der Verwaltung unserer Stadt gehören. Für einige unserer Freunde vom *Gesprächsforum Leben + Glauben, Christen in der Wirtschaft* und *Brennpunkt Erziehung* war kein Weg zu weit. Sie kamen vom tiefen Süden, hohen Norden, vom Osten und aus dem Westen zur Beerdigung. Wir kamen aus dem Staunen nicht heraus.

Im Dezember vor 50 Jahren haben Martin und ich uns kennengelernt. Es gab für mich ein Leben vor Martin, ein abenteuerliches Leben mit Martin, **die Wegstrecke ohne ihn liegt noch vor mir.**

Die große Anteilnahme, Wertschätzung und Liebe, die sich durch Worte, Gesten, Blumen, Geldspenden und Gebete zeigte, hat uns angerührt und sehr getröstet. Das alles hat uns geholfen, unsere Trauer zu verarbeiten. So haben wir als Familie oft zusammengesessen, die Briefe und Mails gelesen, erzählt, geweint und gelacht. Wir erleben Trauer, Verlust, aber auch Erlösung und Erleichterung. Die Zurückbleibenden müssen sich neu orientieren.

Wir lebten schon einige Jahre mit der schweren Krankheit in der Gegenwart des Todes. Dadurch haben wir lange Abschied nehmen können. **Vieles, was uns wichtig war, haben wir besprochen und geklärt.** Vor allem aber tröstete uns beide die Freude auf die ewige Herrlichkeit. Martin hat jetzt eine himmlische Adresse. In meinem Herzen und unserem ganzen Haus ist Jesus. Er begleitet mich ständig.

So kann ich mich auf die nächsten Begegnungen freuen. Heiligabend feiere ich wie jedes Jahr in unserer Familie, am 1. Weihnachtstag in unserer Nachbarschaft, Sylvester mit unserem gemeinsam begonnenen Ehekurs. Vom 2.1.-12.1.2010 fliege ich mit unserer ältesten Tochter Katja nach Fuerteventura (diese Reise hatte Martin noch für uns geplant).

Am Donnerstag, dem 14.1. treffen wir uns zum Bibelkreis, Samstag, den 16.1. bin ich mit einem Team für das Allianzgebetsfrühstück für Frauen verantwortlich, Sonntag, den 17.1. treffen wir uns als *Christen in der Wirtschaft* (Gruppe 2), und am Mittwoch, dem 27.1 mit *CIW* (Gruppe 1), am Dienstag dem 19.1. planen wir für das *Gesprächsforum Leben + Glauben*, und am Samstag, dem 23.1. haben wir ein NRW-Treffen im Rahmen des *Gesprächsforums*.

Beide Treffen des Forums finden bei uns in der Parkstr. 155a statt. Am Sonntag, dem 31.1. geht der Ehekurs bei uns weiter – um nur einiges zu nennen. Diese Termine waren uns beide wichtig und sie helfen mir, weiter am normalen Leben teilzuhaben. **All diese Begegnungen sind für mich eine Freude.** Ihr seht, es gibt viel zu tun, mit Jesus ist es immer spannend.

Gefreut habe ich mich über jeden, der meine Mail an Interessierte weitergeleitet hat. So gab es sehr viele Rückmeldungen. Auch durch die Veröffentlichungen in der Zeitung kam eine Fülle von Post an, nicht alle konnte ich persönlich beantworten, da viele Adressen fehlen.

Meine Antwort erfolgt durch diesen Brief und die Danksagung in der Zeitung. Auch jetzt bitte ich euch, die Mail an Interessierte weiterzuleiten. Als Anhang senden wir diesmal die Andacht von Pfarrer Gremmels, die Danksagung aus der Zeitung und Fotos aus der Kapelle.

Dankbar blicke ich auf alles zurück und, **so unglaublich es klingt, es geht mir gut.** Die Dankbarkeit füllt mich ganz aus und ihr seid alle durch eure liebevolle Begleitung daran beteiligt.

Wir wünschen Euch auf diesem Wege eine gesegnete Advents- und Weihnachtszeit.

Mein Wunsch ist es, dass Ihr auch im Neuen Jahr 2010 Gottes Gegenwart in Eurem Leben spürt und besonders die Vorfreude durch Jesus auf die Ewigkeit erlebt.

Eure Irmtraut Huneke
und Familie

Danksagung - Statt Karten

\* 25.09.1938  † 4.12.2009

Martin hat jetzt eine himmlische Adresse.

Von Herzen danken wir allen, die ihre Wertschätzung und Liebe durch Worte, Gesten, Blumen, Geldspenden und Gebete zum Ausdruck gebracht haben. Es hat uns tief bewegt so viel Anteilnahme auch in der Friedhofskapelle, am Grab und in dem Gemeindezentrum zu erleben.

So freue ich mich darauf meinen geliebten Mann, wir unseren liebevollen Vater, Großvater, Schwiegervater, Bruder, Schwager und Onkel

## Martin Huneke

im Himmel wieder zu sehen.

Wir wünschen allen eine gesegnete Advents- und Weihnachtszeit und durch Jesus die Vorfreude auf die Ewigkeit. Möge jeder im Jahr 2010 Gottes Gegenwart besonders erfahren.

Irmtraut Huneke
und Familie

## Ohne Martin

Oft wurde ich nach dem Tod von Martin gefragt: „Wie geht es Dir wirklich?" Ich konnte es selbst kaum fassen, aber es ging mir generell immer gut. Natürlich vermisste ich meinen interessierten Gesprächspartner. Aber das konnte er schon lange nicht mehr sein.

Da mein Mann schon so lange krank war, war er nicht mehr der starke, mich unterstützende Ehemann, sondern jemand, der an erster Stelle Zuwendung und Hilfe brauchte.

Kranke haben es einfach schwer. In ihrer Hilflosigkeit denken sie, alles müsse sich nur um sie drehen. So weckte Martin mich manchmal unbedacht, wenn er etwas hatte, was er selbst auch erledigen konnte, aber es fiel ihm nicht sofort ein. Er schlief dann gleich weiter und ich lag noch lange wach. Solche Situationen haben wir dann sofort verständnisvoll geklärt.

**Manche Frauen geben sich voll der Pflege hin und gehen nur noch auf die Bedürfnisse ihrer Männer ein.** Sie vergessen, dass sie selbst auch Bedürfnisse haben, und geben ihre eigenen Interessen auf. Diese Frauen fallen eher in ein Loch, weil sie sich selbst isolieren.

Mir wurde auch manchmal gesagt, dass ich sicher noch in ein Loch fallen würde. Doch es geschah nicht. Ich denke, dass es einerseits ein Geschenk ist, andererseits aber auch meine natürliche Einstellung zum Tod.

Die Aufgaben, die Martin sonst erledigt hatte, übernahm ich ganz selbstverständlich. Dinge, die ihn beunruhigten oder aufregten, hielt ich von ihm fern. Unser ganzes gemeinsames Leben hatte sich Schritt für Schritt verändert.

Meine Lebenshaltung zum Tod ist eine biblische, denn **„Gott hat uns die Ewigkeit ins Herz gelegt."** Laut Bibel ist *70 Jahre* ein gutes Alter, um an die Ewigkeit zu denken. In Psalm 90,10 steht: **„Unser Leben währet siebzig Jahre, und wenn es hoch kommt, sind es achtzig Jahre,** und was daran köstlich erscheint, ist doch nur vergebliche Mühe."

Bei vielen Eheseminaren sagte ich manchmal zum Schluss meines Vortrages: „Wir üben ein Leben lang, uns gut zu verstehen. Wenn wir dann denken, es klappt richtig gut, wird einer in die Ewigkeit abberufen." Mein Mann sagte dann: „Willst Du Witwe werden?" Meine Antwort lautete: „Nein, es ist aber Realität, wir werden allein geboren und sterben in der Regel allein."

Obwohl er so gerne lebte, wünschte er sich immer, wenn wir vorher schon einmal darüber sprachen, **dass er vor mir sterben wollte.** Dieser Wunsch ist ihm erfüllt worden. Er hätte meinen Tod nicht so gut verkraftet, weil er emotional stärker an mich gebunden war. Er konnte auch nicht so gut alleine sein.

In seiner letzten Nacht bin ich sehr früh ins Bett gegangen, ohne zu wissen, dass es seine letzte sein würde. Ich sagte ihm auch immer wieder: „Du hast es einmal gut, Du wirst hier im Schlafzimmer sterben." Mich bewegte aber auch, was dann aus mir wird. So konnte ich an diesem Abend für ihn beten und ihn in Jesu Namen von allem lösen, das ihn vielleicht noch hielt.

Dann las ich ihm Auszüge aus dem Buch „90 Minuten im Himmel..." von Don Piper vor. Dieser schreibt: „Als ich starb, ging ich nicht durch einen dunklen Tunnel, sondern wurde plötzlich von einem strahlenden Licht eingehüllt, das sich mit irdischen Begriffen nicht beschreiben lässt. Im nächsten

Augenblick befand ich mich im Himmel. Ich versuche, die unbeschreibliche Freude, die Erregung, die Wärme und das unfassbare Glücksgefühl zu beschreiben, das an jenem Ort herrscht, aber ich merke, wie unzureichend meine Worte sind. Von allen Seiten wurde ich umarmt, berührt und angesprochen. Alle lachten und lobten Gott. **Es war ein einziges Festmahl der Sinne."**

Zwischendurch sagte ich immer wieder zu Martin: „So wird es für Dich auch sein. Du darfst in Jesu Namen dort auch hingehen." Da er laut atmete und ich gegen Mitternacht müde war, nahm ich seine Hand aus meiner, drehte mich um und versuchte zu schlafen. Als ich später wach wurde, war es ganz still; **ich spürte die Atmosphäre des Todes.** Sein Körper war noch warm, aber sein Leben war ausgehaucht.

So rief ich unsern befreundeten Arzt an und fragte ihn, was ich tun sollte. Auch meine Tochter und meine Enkelkinder wollten nicht geschont werden. Sie kamen sofort und blieben die ganze Nacht bei mir. Ich erzählte ihnen, was ich hier beschrieben habe. Gemeinsam saßen wir zusammen, um die Todesanzeige aufzusetzen. Viele Vorbereitungen für seinen Tod hatte mein Mann bereits getroffen.

Meine Enkelin Jeka wohnte eine Woche bei mir. Sie sagte: „Weil du nicht immer weinst und klagst, geht es mir auch gut." Mein Enkel Jörn sagte später: „Oma, du bist doch bestimmt jetzt einsam, soll ich nicht zu dir ziehen?" Ich sagte: „Nein, ich bin nicht einsam, Jesus ist in meinem Herzen und in unserem Haus. Außerdem verstehen wir uns jetzt gut, vielleicht streiten wir uns dann, wenn Du bei mir wohnst."

In Jörns kleiner Wohnung war inzwischen ein Schaden aufgetreten, der nicht behoben werden konnte. Nun wohnt er seit über einem Jahr bei mir. Wir haben klare Regeln für unser Zusammenleben und verstehen uns sehr gut.

Das Gespräch mit unserem befreundeten Gemeindepfarrer führten wir auch zu fünft. Als meine jüngste Tochter mit ihrer Familie kam, sagte ich, dass es mir ein Anliegen sei, in der Friedhofskappelle zu sprechen, um auch die zahlreichen Fragen von Freunden und Bekannten zu beantworten.

Keiner fand meinen Gedanken merkwürdig. Mein Schwiegersohn war bereit, sich als emotionale Stütze neben mich zu stellen. Als ich darüber nachdachte, was ich wohl sagen könnte, **flossen meine Tränen wie Wasserbäche**. Ich wurde unsicher, ob ich überhaupt einen Ton herausbringen würde.

Martin starb am Freitag, dem 4. Dezember 2009. Am Samstag, dem 5.12. war bereits unsere Todesanzeige und ein Lebensbericht mit Foto und der Überschrift: „Ein Mann, den Lüdenscheid nicht vergessen wird" in den Lüdenscheider Nachrichten abgedruckt. Als ich das las, schossen mir die Tränen in die Augen. Meine Enkelin Jeka half mir, noch am gleichen Samstag den aufgeführten Brief mit den Anhängen aus der Zeitung an alle, die in meiner Mailbox sind, zu senden.

Ursprünglich wollten wir uns mit den sieben Paaren unseres Ehekurses am Samstag, dem 5.12. abends in unserem Wohnzimmer treffen. Aber alle waren unsicher, nachdem sie die Anzeige und den Bericht in der Zeitung gelesen hatten, ob es mir recht sei. Ich sagte einem Paar, **dass es mein ausdrücklicher Wunsch sei, dass alle kommen sollten**. So trafen sie ziemlich niedergeschlagen bei mir ein.

Für uns alle war es insofern hilfreich, als ich ganz offen erzählen konnte, wie es Martin und mir in der letzten Zeit ergangen war. Wir haben gemeinsam gebetet, gesungen, geweint und gelacht. **Ganz erleichtert umarmten wir uns herzlich** und verabschieden uns.

Das war eine gute Vorbereitung für die Trauerfeier, die am Mittwoch, dem 9. 12. stattfand. Wir konnten Gottes Geist in der Friedhofskappelle spüren. So war es für mich nicht schwer, das zu sagen, was mich bewegte. Ich sprach auch das Thema Vergebung an.

Unsere Pfarrerin Bärbel Wilde fragte mich, ob sie meine Aussagen für ihre Heiligabendpredigt verwenden dürfe. Gern war ich einverstanden. Sie meinte noch, dies sei bisher für sie die einzige Trauerfeier gewesen, auf der sie sogar schmunzeln musste.

### Sterben als Gewinner

Durch Reden kann ich meine Erlebnisse am besten verarbeiten. Gewisse Themen wie zum Beispiel *Glaube, Sexualität* und *Tod* sind leider Tabuthemen. So nannte ich meinen mir wichtigsten Vortrag: **„Leben ein Gewinn – Sterben als Gewinner! Ist das möglich?"** Ich habe ihn schon mehrfach gehalten, und er fällt in unterschiedlichen Gruppen immer anders aus.

Natürlich spreche ich zuerst über unser Leben und das, was helfen kann, damit wir unser Leben genießen können. Denn wir leben ja noch! Eine positive Einstellung, gesunde Ernährung, Bewegung und Freude gehören dazu. Wir sind für unseren Leib, unsere Seele und unseren Geist verantwortlich. Alles braucht gute Nahrung.

Dennoch haben wir als Familienspruch: **„Wir haben alle einen Schaden, wir arbeiten aber an unserer Schadensbegrenzung."** Darüber können wir herzhaft lachen. Oder: **„Wenn einer ein Rad ab hat, ist die Mutter schuld."** Welche Mutter fühlt sich da nicht angesprochen und irgendwie schuldig? Es ist manchmal schmerzhaft, aber auch total befreiend, über alles zu reden.

So erlebte ich bei meinem Vortrag im Gesprächsforum, dass ein Professorenehepaar mir sagte: „Bisher haben wir bei jedem Vortrag mitgeschrieben. Bei ihnen mussten wir nur zuhören. Ihre Worte haben unser Herz berührt."

Eine ältere Dame meinte nach meinem Vortrag: „Mir ging es nicht gut und ich dachte, soll ich mir solch ein Thema antun? Jetzt bin ich so richtig glücklich, dass ich hier bin." Sie redete voller Begeisterung und überschüttete mich mit Komplimenten, was mir natürlich auch gut tat.

Ganz anders erlebte ich es in einer Trauergruppe. Als ich von unseren Reisen sprach, sagte eine Frau ganz aggressiv: **„Wie kann man mit einem so schwer kranken Mann noch reisen? Das ist doch nicht normal. Und überhaupt, was Sie da erzählen, das regt mich auf."** Ich fragte die anderen, wie sie das empfinden, und sie fanden es ermutigend. Die aggressive Frau sagte zum Schluss, obwohl dies keine christliche Gruppe war: „Von Ihnen erwarte ich eigentlich, das Sie noch mit uns beten." Was ich gerne tat. Danach konnten wir uns noch umarmen, und sie zog fröhlich von dannen.

Die Verarbeitung der Trauer kann sich über 3-5 Jahre hinziehen. Da mein Mann und ich in der Krankheitszeit schon viel verarbeitet hatten, konnte ich alles besser verkraften und annehmen.

Trauernde sind sehr schwer einzuordnen, darum habe ich in unserem Buch: „Neues entdecken – ein Leben lang" zehn Schritte in Tagen der Trauer von Rainer Haak zitiert. Drei davon führe ich kurz aus:

1. „Ich darf mich meiner Trauer völlig hingeben, ohne zu fragen, was andere Menschen denken." Je nach Situation und Typ gibt es unterschiedliche Verhaltensweisen.

2. „Ich darf Fragen zulassen über meine Versäumnisse gegenüber diesem Menschen. Wenn ich mich schuldig weiß, darf ich diese Schuld eingestehen und abgeben."

Häufig erlebe ich in Gesprächen: **„Hätten wir doch noch über dies und jenes gesprochen,** wenn der Arzt sich besser gekümmert hätte usw." In einer Begegnung auf dem Friedhof am Nachbargrab sagte eine Frau: *„Ewig bei Jesus* auf einem weißen Stein – das gefällt mir. Wir haben alles in Schwarz.

Ich habe Ihre Dankesbriefe gelesen, die Sie auch an einen Kindergarten in meiner Nachbarschaft geschickt haben. Wie Sie mit dem Tod Ihres Mannes umgehen, das kann ich nicht. Ich möchte es gerne, aber ich muss immer weinen." Ich fragte Sie: „Möchten Sie, dass ich für Sie bete?" Sie: „Oh, ja gern." Nach dem Gebet sagte sie: „ Da kommt gerade eine Frau, die trägt auch so schwer, können Sie für die nicht auch beten?" Nach einem kurzen Gespräch tat ich es.

Beide Frauen fühlten sich von sechs Jugendlichen gestört, die in unserer Nähe auf einer Bank saßen. Ich sagte, ich werde sie bitten zu gehen. So grüßte ich die jungen Leute freundlich und meinte unter anderem: „Es ist schön, dass ihr Euch gut unterhaltet, aber vielleicht ist hier nicht der richtige Ort dazu. Die beiden Witwen fühlen sich in ihrer Trauer gestört. Könnt Ihr einen anderen Platz suchen?" „Na klar, selbstverständlich, machen wir." „Ich danke Euch für Euer Verständnis und wünsche Euch ganz viel Freude," erwiderte ich.

Als ich am Sonntag nach dem Gottesdienst wieder zum Grab ging, traf ich die erste Frau wieder. Sie sagte: „**Sie haben ja eine Macht, dass die Jugendlichen sofort auf Sie hören!** Und das Gebet hat mir so gut getan." „Dann bete ich doch gleich wieder für Sie." Wir trafen uns noch öfter.

3. „Ich darf mein Leben nach der Trauer so führen, wie ich es für gut und richtig halte."
**Das habe ich während der Krankheitsphase meines Mannes bereits möglichst getan,** darum fiel mir der Übergang zu einem Leben ohne ihn auch nicht so schwer. Wir hatten über alles gesprochen.

Schon im Sommer 2009 wurde es meinem Mann ein Anliegen, **ein geistliches Testament** für unsere beiden Töchter und unsere erwachsenen Enkelkinder zu schreiben. Zunächst hob er ihre positiven Eigenschaften hervor und drückte aus, was er an ihnen schätzte. Danach äußerte er den Wunsch, dass alle eine klare Entscheidung für Jesus treffen mögen, damit er sie alle im Himmel wiedersieht.

Außerdem wünschte er sich, dass seine Trauerfeier eine Auferstehungsfeier sein möge, denn er sagte: **„Christus ist mein Leben, sterben ist mein Gewinn"** nach Phillipper 1, 21.

Später fand ich folgenden Bericht:

## Als Sterbender „wie eine Kerze langsam ausgehen"

*idea Spektrum vom 9.12.2009*

Für eine Wiederentdeckung des natürlichen Todes hat sich der Münchener Palliativmediziner Prof. Gian Domenico Borasio ausgesprochen. Früher haben alte Menschen in ihrer letzten Lebensphase immer weniger gegessen und getrunken.

„Dann haben sie sich ins Bett gelegt und sind wie eine Kerze langsam ausgegangen", sagte der Medizinprofessor in einem Interview der Frankfurter Allgemeinen Zeitung. Dieser natürliche Tod sei „zumindest in Vergessenheit geraten". In letzter Zeit beginne die Medizin, sich wieder für das Sterben zu interessieren, statt es nur bekämpfen zu wollen.

Borasio zufolge laufen die natürlichen Prozesse sowohl bei der Geburt als auch am Lebensende dann am besten ab, wenn sie von Ärzten möglichst wenig gestört werden:

„Was wir im Grunde brauchen, sind Hebammen für das Sterben." Wie bei der Geburt gebe es allerdings etliche Fälle, bei denen ärztliche Intervention notwendig sei, „und einige wenige Fälle, die einer hoch spezialisierten Palliativmedizin bedürfen."

Zum Wunsch der meisten Menschen nach einem schnellen Tod während des Schlafens sagte der Mediziner: „Das ist eher selten – es trifft nur auf fünf

Prozent der Bevölkerung zu." Im Großen und Ganzen sterbe ein Mensch, wie er gelebt habe: **"Wer immer eine Kämpfernatur war, wird auch kämpfen bis zum Ende."**

Zur Frage, wie er selbst mit dem Gedanken an den Tod umgeht, sagt Borasio: „Es ist ein ständiger, aber kein unangenehmer Begleiter." In der Bibel stehe: **„Herr, lehre uns bedenken, dass wir sterben müssen, auf dass wir klug werden."** (Psalm 90,12).

Die Arbeit in der Palliativmedizin sei in dieser Hinsicht ein großes Geschenk. Auf die Frage, wie er selbst sterben möchte, antwortete der Professor: „So, dass meine Familie am wenigsten darunter leidet. Und wenn möglich, im Frieden mit mir selber."

Dieser Bericht hat vieles bestätigt, was wir selbst erlebt haben. Denn das Sterben meines Mannes war eine Ersterfahrung für mich. Mein Mann ist im Frieden mit sich selbst und mit Gott gestorben. Das ist auch mein Wunsch.

Auch Joachim Fuchsberger, der seinen Sohn durch einen Unfall verlor, spricht in Talkshows über den Tod. Sein Lebenskonzept ist: verstehen, vertrauen, verzeihen, verzichten. Er sagt, dass er nicht an Gott glauben kann, aber die beneidet, die es können.

So geht es vielen Menschen in unserem Umfeld. Es ist gut, wenn wir lernen, einander offen zu begegnen. **Manche Menschen haben alles in ihrem Leben erreicht und sehen dennoch keinen Sinn in ihrem Leben.** In einem Bericht las ich einmal, dass es täglich etwa so viele Selbstmorde wie Verkehrstote gibt. **Wir Christen dürfen Hinweisschilder auf die Ewigkeit sein.** Welch eine Gnade.

So erlebte ich es, dass eine Frau mich in einem Supermarkt in der Schlange an der Kasse mit Namen ansprach. Sie sagte: „Sie kennen mich sicher nicht mehr, vor Jahren waren wir einmal bei Ihnen." Als sie mir ihren Namen nannte, konnte ich mich sofort erinnern.

Danach erzählte sie mir, dass sie Krebs im Endstadium habe. Ich umarmte sie spontan, segnete sie und gab ihr ein Ticket zum Himmel mit den Worten: „Bleiben Sie ganz bei Jesus." Sie bedankte sich und freute sich über unsere Begegnung.

Ähnliches geschah am Obststand. Eine Frau kam auf mich zu mit den Worten: „Sie sind so farbenfroh gekleidet. Sehen Sie mich an, wie ich aussehe, und dann bin ich auch noch schwanger.

Ich habe Angst, ob mein Kind gesund und lebensfähig sein wird, und überhaupt" Sie erzählte mir ihren derzeitigen Kummer. Ich hörte still zu, umarmte sie und betete für sie.

Bei längeren, intensiven Gesprächen sind meine Fragen manchmal: „Hast du schon die Gewissheit, wenn du stirbst, dass du in den Himmel kommst? Wenn du dann vor Gott stehst und er dich fragen würde: Warum soll ich dich in den Himmel lassen? Was würdest du antworten?" Die biblische Antwort ist Jesus.

Solche Fragen führen zur Klärung des Standortes oder auch zu Aggressionen. Folgende Bibelstelle verschenke ich gern bei diesen Vorträgen: „Wer den Sohn Gottes hat, der hat das Leben; wer den Sohn Gottes nicht hat, der hat das Leben nicht. Solches habe ich euch geschrieben, die ihr glaubt an den Namen des Sohnes Gottes, auf das ihr wisst, dass ihr das ewige Leben habt." Das steht im 1. Brief des Johannes, Kapitel 5,12+13.

Dadurch können sich gute Gespräche entwickeln und auch konkrete Entscheidungen für Jesus. Das Wunderbare ist, dass Gottes Geist uns die innere Gewissheit gibt, dass wir Gottes Kinder sind. (Römer 8, 16)

## VERGEBUNG

*Lüdenscheider Nachrichten, Wort zum 13.03.2010*

„Das werde ich ihr oder ihm nie vergeben, und vergessen kann ich es schon gar nicht."
Solche Aussagen hat sicher schon jeder von uns einmal gehört. Oder vielleicht auch gesagt? Reinhold Ruthe schreibt in seinem Buch *Vergebung – Herzstück der Seelsorge*: „Wer nicht vergeben kann, ist liebesunfähig, beziehungsunfähig und konfliktunfähig." Zusammenleben ohne Konflikte, ohne Verletzungen, ohne bewusste oder unbewusste Kränkungen ist unmöglich. Vergebung ist wie *Schmieröl* für ein reibungsloses Miteinander im Zusammenleben.

Diese Erfahrung haben mein Mann und ich in unserer langjährigen Ehe auch gemacht. In der Bibel steht im Epheserbrief 4,32: „Vergebt einer dem andern, wie auch Gott euch vergeben hat durch Christus". Das klingt so leicht, ist am Anfang aber nicht so. Denn bei Streitigkeiten fühlt sich jeder erst einmal im Recht.

Wer soll den ersten Schritt zur Vergebung tun? **Verletzungen entstehen häufig durch unterschiedliche Sichtweisen und Missverständnisse.** Wir haben uns gemeinsam entschieden, in der Haltung der Vergebung zu leben. Wir müssen nicht alles verstehen. Aber wir dürfen lernen, uns gegenseitig stehen zu lassen. Das haben wir in unserer Ehe bis zum Schluss geübt. Uns war es wichtig, eine geklärte Beziehung zueinander und zu Gott zu haben. Außerdem wollten wir, so es an uns liegt, „Frieden mit jedermann haben" (nach Römer 12,18).

Dies bewegte meinen Mann in der letzten Phase seiner Krankheit sehr. Mehrfach sagte er in den letzten Wochen vor seinem Tod: „Wenn ich jemanden verletzt habe, so würde ich ihn gerne um Vergebung bitten." Das betraf auch seinen Berufsbereich. Als Leiter der Bauaufsicht musste er stets gesetzmäßig handeln. Das Gesetz traf manche hart, doch suchte er immer nach Lösungen.

Im Glauben ist Jesus des Gesetzes Erfüllung. Weil wir es nicht erfüllen können, tritt er für uns ein. So hatte ich in der Friedhofskapelle bei der *Auferstehungsfeier* meines Mannes die Freiheit, nicht nur über unsere letzte gemeinsame Zeit zu berichten, sondern auch stellvertretend für ihn um Vergebung zu bitten. **Vergebung macht den frei, der vergibt und den froh, dem vergeben wurde.** So erlebe ich Trauer und Verlust, aber auch Erlösung und Erleichterung. Mein Mann hat sein Ziel erreicht und durch Jesus einen Platz im Himmel.

Wie groß das Bedürfnis nach Vergebung ist, zeigt auch die folgende Aussage, die ich dazu fand: „Wenn Wissen unser größtes Bedürfnis wäre, hätte Gott uns ein Universalgenie geschickt. Wenn Technologie unser größtes Bedürfnis wäre, hätte Gott uns einen Technik-Superwissenschaftler geschickt. Wenn Geld unser größtes Bedürfnis wäre, hätte Gott uns einen Ökonomen geschickt. Wenn Unterhaltung unser größtes Bedürfnis wäre, hätte Gott uns einen Entertainer geschickt. Da Vergebung unser größtes Bedürfnis ist, schickte er uns einen Erretter."

## VERSÖHNUNG

*Lüdenscheider Nachrichten, Wort zum 24.07.2010*

Vergeben ist schon sehr schwer, aber Versöhnung geht noch viel tiefer und ist auch weitreichender. Vergebung kann einseitig geschehen und macht den frei, der vergibt. Der andere braucht gar nichts davon zu wissen oder zu erfahren. Es kann sein, dass wir gar nicht merken, wenn wir jemanden verletzen. Aber in offenen Streitigkeiten gibt ein Wort das andere, und Missverständnisse und Verletzungen geschehen meistens auf beiden Seiten.

Im Kindergarten, den ich viele Jahre leitete, ergab sich folgende Situation: An einem Morgen las ich eine Geschichte vor, in der sich zwei Kinder heftig gezankt hatten. Danach entstand eine so offene Atmosphäre, dass Werner plötzlich erzählte, wie seine Eltern sich einmal anschrien. Er malte das sehr anschaulich mit Kraftausdrücken aus. Dann sagte er: „Mein Vater und meine Mutter, als die sich gestritten haben, da konnte mein Vater sich zuerst gar nicht vertragen." Ich meinte, dass sich zu vertragen auch ganz schwer sei. Darum müssten wir das im Kindergarten immer wieder üben und lernen. „Ja", sagte er, „mein Vater, der war ja auch nur ein Jahr im Kindergarten."

Nach solchen Missstimmungen erfolgt meistens keine Aussprache. Alle Beteiligten tun später so, als sei nichts gewesen. Bei der nächsten Auseinandersetzung kommt dann alles wieder hoch. Für eine gute Streitkultur brauchen wir Kenntnisse und Zeit.

Dazu gibt es in der Bibel ein hilfreiches Wort. In den Sprüchen Salomo Vers 18, 17 steht: **„Ein jeder hat zuerst in seiner Sache Recht. Kommt aber der andere zu Wort, so findet es sich."** Deshalb ist eine wichtige Voraussetzung, dass ich den anderen auch wirklich zu Wort kommen lasse und meine Meinung ebenfalls klar ausdrücken darf. Manchmal ist sogar ein längerer *Findungsprozess* nötig. Das heißt, es braucht Zeit, eine gemeinsame Lösung zu finden.

Eine gute Hilfe ist das *aktive Zuhören*. Es bedeutet, dass ich genau hinhöre, was mir mein Gesprächspartner mitteilen möchte. Letztlich bedeutet Versöhnung für mich: Jeder darf aussprechen, was ihn verletzt hat, ohne es zu kommentieren oder zu verstehen. Es ist ein Lernprozess, sich gegenseitig stehen zu lassen. Für uns Christen ist es hilfreich, unser Anliegen im Gebet gemeinsam an Gott abzugeben und uns gegenseitig zu vergeben.

**„Bekennet einander eure Sünden und betet füreinander, dass ihr gesund werdet,"** steht im Jakobusbrief

Kap. 5,16. Jeder steckt immer wieder in einem Vergebungsprozess. Alles, was ans Licht kommt, will Gott vergeben und heilen. Wir dürfen uns und anderen vergeben, uns mit unserer Lebensgeschichte versöhnen oder mit jemandem, der es auch will. Versöhnung erfolgt erst dann, wenn Vertrauen durch eine veränderte Einstellung von beiden Seiten möglich wird.

Die tiefste Versöhnung aber kommt von Gott. Er sandte seinen Sohn Jesus zur Versöhnung für alle, die an Ihn glauben. Diese Versöhnung kann schon hier beginnen und dauert bis in Ewigkeit.

## SEGEN

*Lüdenscheider Nachrichten, Wort zum 29.1.2011*

Für das Jahr 2011 wünschen wir Christen uns natürlich nicht nur alles Gute und Gesundheit, sondern ganz besonders Gottes Segen. Aber was bedeutet für uns Segen ganz praktisch und konkret? Manchmal hören wir Aussagen wie: „Was für ein Segen! Der hatte aber einen Schutzengel! Da habe ich noch einmal Glück gehabt!" Was ist denn nun ein Segen? Fängt das nicht schon mit ganz kleinen Dingen im Alltag an?

Kann nicht schon ein freundliches Lächeln oder ein ermutigendes Wort ein Segen sein? Was erfahren wir zum Beispiel nicht als Segen? Wir werden nicht angesehen, übersehen, man würdigt uns keines Blickes oder nur eines strafenden Blickes. Was bedeutet eigentlich Segen oder segnen?

Segnen kommt von signare, signieren heißt: mit einem Zeichen versehen. Gott hat uns viele Zeichen gegeben, die wir in der Bibel nachlesen können. Als Isaak seinen Sohn Jakob segnete, gehörten eine Umarmung und ein Kuss dazu. Im Alten Testament spielte das symbolische Bild des Handauflegens eine wichtige Rolle. Diese Berührung war ein anschauliches Bild für die Übertragung von Macht oder Segen von einer Person auf die andere.

Welche Bedeutung Berührungen auch für Kinder haben, zeigt sich an folgendem Beispiel: Bei der Verabschiedung von Kindern und Eltern stand ich meistens am Tor des Kindergartens, den ich viele Jahre leitete. Ein Fünfjähriger gab mir jeden Mittag zum Abschied einen Kuss. Einmal sagte er zu seinem Vater, der ihn abholen wollte: „Ich habe mich noch gar nicht von Frau Huneke verabschiedet." „Das ist doch nicht so schlimm," meinte der Vater. „Doch," sagte er: „die riecht immer so gut." Andere Kinder lehnten sich einfach bei mir an, wenn ich mich mit den Eltern unterhielt. Dann strich ich ihnen über die Haare oder ihre Wange, und sie fühlten sich wohl dabei.

Gesprochene Worte haben eine große Macht. Viele Jahre leiden Kinder unter den Aussagen ihrer Eltern, die gesagt haben: „Aus dir wird nie etwas! Du kannst ja gar nichts!" So macht sich Minderwertigkeit breit. In Jesaja 43, 4 sagt Gott zu uns: **„Du bist wertvoll."** Ein Segen soll uns auf eine hoffnungsvolle Zukunft hinweisen, die wir bei Gott finden können. Das *Gebet des Jabez* aus 1. Chronik 4,10 lautet: **„Segne mich und erweitere mein**

Gebiet! Steh mir bei und halte Unglück und Schmerz von mir fern." Dieses Gebet kann auch unser persönliches Gebet werden. So können wir in allen Begegnungen unserem Gegenüber Gutes wünschen und zusprechen. Da, wo wir die Freiheit haben, dürfen wir uns auch im Namen von Jesus gegenseitig segnen.

Zum Jahresbeginn freue ich mich immer wieder über den Besuch der Sternsinger, die nicht nur Segenslieder singen, sondern auch „Christus segne dieses Haus" an die Tür schreiben. Außerdem schenken sie durch ihre Sammlung Kindern in Krisengebieten unserer Welt einen finanziellen Segen. Wir können uns und andere täglich unter Gottes Schutz und Segen stellen.

## Einladung zum 70. Geburtstag:

*email im April 2011*

Liebe Großfamilie + Freunde,

zunächst wünsche ich Euch allen gesegnete Ostertage und konkrete Erfahrungen mit Jesus!
Statt einer schriftlichen Einladung lade ich Euch aus praktischen Gründen mit dieser Mail ganz herzlich zu meiner runden Geburtstagsfeier ein. Sie findet, so Gott will und ich lebe, am Samstag, den 18. Juni um 12 Uhr im Gemeindezentrum der evangelischen Christuskirchengemeinde in der Bahnhofstr. 59 statt.

Von denen, die fast jährlich an meiner Feier teilgenommen haben, wünsche ich mir wie immer etwas Essbares wie z.B. Salate, Nachtisch, Kuchen oder Torte. Das

Hauptgericht wird angeliefert. Wer gerne etwas anders schenken möchte, darf einen Beitrag für meine vielfältige Spenden- oder Reisekasse leisten.

Über alle Auswärtigen freue ich mich besonders, wenn sie sich auf den Weg machen, um an diesem Tag mit mir zu feiern! Das ist ein großes Geschenk für mich. So können wir diese Zeit gemeinsam mit guten Gesprächen und Begegnungen füllen. Und es wird auch ein kleines Programm geben ...

In der Vorfreude möglichst viele von Euch zu sehen grüßt Euch ganz herzlich

Eure Irmtraut

## ENGAGIERTE CHRISTIN

*von Ingrid Weiland 14.6.2011 Lüdenscheider Nachrichten:*

**Irmtraut Huneke vollendet 70. Lebensjahr –
Lange Jahre Leiterin eines Kindergartens**

Zusammen mit ihren beiden Töchtern, vier Enkeln und weiteren Angehörigen, vielen Freunden und Weggefährten feiert Irmtraut Huneke heute die Vollendung ihres 70. Lebensjahres.

Vor genau zehn Jahren ist sie nach mehr als 30-jährigem Dienst aus ihrem Amt als Leiterin des evangelischen *Eva von Tiele Winckler-Kindergarten* (heute: Kindergarten Friesenstraße) ausgeschieden, in dem es ihr stets ein besonderes Anliegen war, Kindern und Eltern christliche Grundwerte von Liebe und Vergebung zu vermitteln. Bereits während ihrer Tätigkeit im Kindergarten hat sie etliche andere Aufgaben übernommen:

25 Jahre war sie Vorsitzende des Synodalen Kindergartenausschusses. Sie gehörte dem Trägerkreis von *Brennpunkt Erziehung* an, war viele Jahre Schöffin beim Amtsgericht und legte den Grundstein zu den *Frühstückstreffen für Frauen* in Lüdenscheid, die mit großen Zusammenkünften im Kulturhaus gestartet wurden und von dort aus ihren Weg in die Gemeinden fanden.

Seit Jahren richtet sie im Auftrag der Evangelischen Allianz Lüdenscheid während der Allianz-Gebetswochen ein Gebetsfrühstück mit Kinderprogramm aus. Ihr Engagement gilt außerdem seit langem dem *Forum für Christen in der Wirtschaft* und der Vorstandsarbeit für *Hour of Power*, einem Fernsehprogramm mit christlicher Ausrichtung.

Inzwischen ist sie auch als Autorin von drei Büchern hervorgetreten: „In unserem Kindergarten hat Gott bei mir angefangen", „Neues entdecken ein Leben lang – einer braucht den andern" und „Familien-Zentren – wo sich kleine und große Persönlichkeiten begegnen."

Bis zu seinem Tod im Dezember 2009 hat ihr Ehemann Martin ihre Aktivitäten unterstützt. Zusammen mit ihm leitete sie das *Gesprächsforum Leben und Glauben* in Lüdenscheid, dessen Vorstand in Deutschland sie angehört.

Im Rahmen dieser Gesprächsforen halten namhafte Referenten mehrmals im Jahr vielbeachtete Vorträge über interessante Themen im Kulturhaus. Ebenfalls mit ihrem Ehemann gemeinsam leitete Irmtraut Huneke viele Gemeinde-, Eltern- und Eheseminare, in denen sie Ehepaare und Familien seelsorgerlich und freundschaftlich begleiteten.

Vor zehn Jahren war sie sich sicher, dass ihr großes ehrenamtliches Engagement sie nach ihrem Ausscheiden aus der Kindergartenleitung noch gehörig *auf Trab* halten werde. Tatsächlich hat sie seitdem noch zahlreiche weitere ehrenamtliche Aktivitäten entwickelt, so zum Beispiel im *Lokalen Bündnis für Familie*, in dessen Namen sie die Neugeborenenempfänge der Stadt mit ins Leben gerufen hat. Die Kontakte, die dabei geknüpft wurden, werden in Nachtreffen vertieft, von denen das nächste am 12. Juli um 10.30 Uhr im Kinderbetreuungsraum am Rathauseingang stattfindet.

Sie macht sich zusammen mit anderen Ehrenamtlichen für die Instandsetzung von Spielplätzen stark, leitet in der Christuskirchengemeinde einen Bibelgesprächskreis und engagiert sich auch als Witwe noch für die Ehe- und Familienarbeit. Im Herbst lädt sie zum Beispiel zu einem Eheseminar ein. Ihre Gratulationen zu ihrem 70. Geburtstag werden gewiss viele mit dem Wunsch verbinden, dass ihr die Kraft für alle ihre Aktivitäten möglichst lange erhalten bleiben möge.

## Irmtraut Huneke zum 70. Geburtstag

*Ansprache von Professor Dr. Ing. Wolfgang Leisenberg (Bild: Jürgen Müller)*

Sie ist mir ein halbes Jahr voraus. Mit ihrem Geburtstag. Aber mindestens so lebendig. Irmtraut kann ich als Person eigentlich nicht beschreiben. Sie ist ein Ereignis. Ein Naturereignis.

Bei Irmtraut hatte ich anfangs das Gefühl, dass sie so eine Art Vulkan ist, bei dem man am besten rechtzeitig das Weite sucht, bevor er ausbricht. Aber das war nur so ein Gefühl. Denn Ausbrüche der unangenehmen Art habe ich nicht in Erinnerung. Eher Lavaströme der Liebe.

Als Preuße liebe ich Planung und Berechenbarkeit. Das ist bei Irmtraut ganz anders. Auf unseren gemeinsamen

Eheseminaren war ich nie vor Überraschungen sicher. Vulkane brechen eben ziemlich unvorhersehbar aus.

Wie auch immer, Irmtraut ließ sich nie in ein Korsett zwängen, nicht einmal in ein selbstgemachtes. Sie ist auf keinen Fall ein normaler Mensch. Ihr ganzer Lebensweg ist außergewöhnlich. Sie machte es immer ein bisschen anders als alle anderen: Ob im FFF oder GLG, immer war sie experimentier- und risikofreudig. Flexibel. Aber erfolgreich. Und vielseitig. Vom Kindergarten über Eheseminare bis zum Bücherschreiben.

Und immer unterwegs, *Tickets für den Himmel* zu verteilen. Das macht sie wirklich supergut. Manchmal wünscht man sich, das müsste man auch mal so machen. Aber Irmtraut kann man nicht kopieren. So wie sie es macht, kann nur sie es. An ihr wird exemplarisch deutlich: Gott macht nur Originale. Und Irmtraut ist ein Original, sogar noch origineller als ein Original.

Sie wirkte auf mich auf den ersten Blick von ihrer ganzen Erscheinung ein bisschen wie ein Gutwetterchrist: Immer gut drauf, keine Probleme. Aber dass sie das überhaupt nicht ist, konnten wir besonders eindrücklich erleben, als Martin pflegebedürftig wurde.

Ohne zu klagen hat sie diese schwere Zeit durchgestanden und ihre Fröhlichkeit dabei nie verloren. Und dann kam der i-Punkt: Sie hält als Witwe selbst die Traueransprache für ihren Mann. Das hatte ich noch nie erlebt. Ganz ohne Bitterkeit, ohne Rührseligkeit, einfach dankbar für die schönen, wenn auch nicht immer einfachen Jahre mit Martin.

Und auch danach bei allen sicher auch schweren Stunden ohne ihren geliebten Mann blieb sie eine Frau mit Zukunft, mittendrin, mit immer neuen Ideen. Keine Spur von Rückzug oder Resignation. Irmtraut ist, um es im Bikerjargon zu sagen, *unplattbar*! Ein Musterbeispiel für die Aussage von Flori Bärtsch: Die Kraft nimmt ab, aber das Feuer bleibt und die Berufung bleibt. Irmtraut: Der Vulkan, oder vielleicht besser der brennende Busch, der brennt ohne zu verbrennen. Feuer ohne burn out.

Liebe Irmtraut, dieses Feuer wird weiter brennen in Dir, auch wenn die Aufgaben sich ändern. Vielleicht bleibt ja irgendwann nur noch die Kraft für das Gebet und die Fürbitte.

Aber wie viele Christen verdanken einer betenden Großmutter das Ticket in den Himmel! Deinem Hauptberuf, Tickets für den Himmel zu verteilen, kannst Du also noch locker zwanzig Jahre nachgehen.

Du bist gesegnet, und viele wurden durch Dich gesegnet und werden Dir im Himmel dankbar sein, dass Du Tickets verteilt hast. Dieser Segen soll Dich noch lange begleiten, bis der HERR sagt: „Gut gemacht, Du treue Irmtraut," und Dich in Deine himmlische Wohnung holt. Dein Ticket zum Himmel – erster Klasse – hast Du ja schon in der Tasche.

Zum Andenken an diesen Tag haben wir Dir 70 Rosen aus dem Rosendorf Steinfurth mitgebracht. Ganz verschiedene. Eine Sorte fehlt: Gloria Dei. Die Herrlichkeit Gottes, die in Dir ist, bildet die Mitte des Straußes

## Irmtrauts Dank an alle Gratulanten

*25.06.2011*

Liebe Freunde!

Zunächst wünsche ich Euch allen eine schöne Sommerzeit. Dankbar sehe ich zurück auf meine Geburtstagsfeier, an der ich etwa 100 Gäste von nah und fern begrüßen konnte. Ich fühlte mich nicht nur an der Feier, die ein Gast *Love Story* nannte, von allen Seiten mit Liebe überschüttet.

Dies geschah durch Mails, Karten, Telefonate, Blumen, Geschenke, Leckereien zum Buffet und die praktische Vor- und Nachbereitung durch unsere beiden Küsterinnen Petra König und Ursula Thomas. Außerdem halfen, wie bei jedem Geburtstag, meine älteste Tochter Katja und ihre Freundinnen Petra und Sabine.

Petras Mann Andreas hatte eine DVD aus Familienbildern und aus Martins und meiner beruflichen sowie ehrenamtlichen Tätigkeit zusammengestellt, die man zwischen den Programmpunkten sehen konnte. Pfarrer Rainer Gremmels, Pastor Richard Aidoo und Prof. Dr. Ing. Wolfgang Leisenberg erfreuten uns mit kurzen, humorvollen, bemerkenswerten Reden.

Unser Ehekreis sang mit Gitarrenbegleitung von Pfarrer Sebastian Schultz acht unterschiedliche, fröhliche Melodien mit selbstgedichteten Texten, die mich anrührten, aber auch immer wieder zum Lachen brachten. Festhymnen und Lieder erklangen ebenfalls stimmungsvoll.

Für mich war es eine Freude, nicht nur alle Gäste vorzustellen, sondern auch zu erzählen, wie die Beziehungen entstanden sind. Da ich auch Geldgeschenke erhielt, habe ich bereits 500,- Euro für die Jugendarbeit in unserer Christuskirchengemeinde gespendet, in dessen Gemeindezentrum ich gefeiert habe. Kleinere Beträge gingen an unterschiedliche Werke.

Von dieser Feier bleiben neben schönen Erinnerungen für mich auch noch eine DVD meines Enkels Jörn und eine Foto-CD von Jürgen Müller. Beides habe ich mir schon mehrfach angesehen und angehört.

So danke ich Euch allen noch einmal für die liebevollen Wünsche und guten Taten. Ich bin so froh, dass ich durch Jesus ein erfülltes Leben haben darf und er mir diese vielen guten Beziehungen geschenkt hat.

In seinem Namen segne ich Euch alle und grüße Euch recht herzlich

Eure Irmtraut

## SEGENSSPUREN

*Lüdenscheider Nachrichten, Wort zum 9.7.2011*

Was fällt uns zuerst ein, wenn wir über unser Leben nachdenken? Sind es eher die positiven oder die negativen Ereignisse? Denken wir mehr an die Menschen, über die wir uns gefreut oder über die wir uns geärgert haben?

Nach meinen Erfahrungen gibt es keine Person, die nicht irgendwann in ihrem Leben verärgert oder verletzt wurde. Nur: wie gehen wir damit um? Müssen wir die alten Geschichten immer wieder aufwärmen, oder haben wir uns entschlossen, zu vergeben und uns mit unserer Lebensgeschichte zu versöhnen?

Im Juni wurde ich 70 Jahre alt. Das war ein guter Grund, noch einmal über mein Leben nachzudenken. Es fielen mir vor allem einige Personen ein, die meinen Lebensweg wohlwollend und unterstützend geprägt haben. Natürlich auch solche, von denen ich mich verletzt oder missverstanden fühlte. Durch Jesus lerne ich, immer wieder zu vergeben. Denn so es an uns liegt, sollen wir Christen Frieden mit jedem haben.

Schon in der Grundschule hat mein Lehrer meiner Mutter, die Kriegswitwe war, empfohlen, mich auf eine weiterführende Schule zu schicken. Was damals für Mädchen außergewöhnlich war! Bei diesem Lehrer habe ich mich bedankt, als mir bewusst wurde, wie entscheidend sein Rat für meine Zukunft war.

Obwohl ich keine guten Ehe- und Familienvorbilder hatte, war es mein Wunsch, zu heiraten und eine Familie zu gründen. Entschiedene Christen sah ich in meinem damaligen Umfeld nicht. Gott hat uns die Ewigkeit ins Herz gelegt. So suchte ich nach dem Sinn meines Lebens.

Als ich meinen Mann kennenlernte, wurde das unser gemeinsames Anliegen. In unserem ersten Familienurlaub, unsere Tochter war 8 Monate alt, entschieden wir uns bewusst, unser Leben nach Gottes Willen auszurichten. Denn in einem Gottesdienst trafen uns die Worte Jesu aus Matt. 7,21:

**"Nicht alle, die zu mir: Herr, Herr, sagen werden in das Himmelreich kommen, sondern die den Willen meines Vaters im Himmel tun."** Nach einem Gespräch mit dem dortigen Pfarrer schickte uns dieser zunächst zu Pfarrer Paul Deitenbeck, mit dem wir uns bis zu seinem Tod in der Regel monatlich zum Gebetskreis trafen. Pfarrer Ingfried Woyke und seine Frau Rosemarie haben ebenfalls Segensspuren in unser Leben gelegt.

Später kamen noch viele andere Personen dazu, die uns anregende und aufregende Impulse gaben. Gott hat sie in unser und jetzt in mein Leben gestellt. So konnte ich mit meiner Familie, vielen Freunden und Wegbegleitern feiern. Einer meiner Gäste nannte meine Geburtstagsfeier eine *Love Story*, denn Jesus sagt in Joh. 13.34: **"Ich gebe euch ein neues Gebot, das Gebot der Liebe. Ihr sollt einander so lieben, wie ich euch geliebt habe. So werden alle erkennen, dass ihr meine Jünger seid."**

Es war eine große Freude für mich, die Segensspuren in meinem Leben zu sehen, aber auch die Segensspuren durch mein Leben. So bleibt es für mich spannend. Auch allen Lesern wünsche ich neue ermutigende Entdeckungen bei der Spurensuche.

## TICKET ZUM HIMMEL

*Lüdenscheider Nachrichten, Wort zum 4.2. 2012*

"Wir kommen alle, alle in den Himmel, weil wir so brav sind " heißt es in einem Karnevalsschlager. Sind wir wirklich alle so brav? Ich kann das von mir jedenfalls nicht immer sagen. Wo fängt brav sein an und wie sieht es praktisch aus? Was sind Notlügen und Übertreibungen? Wer klärt Missverständnisse auf? Auch in Familien und Nachbarschaften gibt es *Kriegszustände*, die zu Hass und Gemeinheiten führen.

Wie sieht es zum Beispiel mit den 10 Geboten aus? Nehmen wir das fünfte: „Du sollst nicht töten"? Trotz Aufklärung und Verhütungsmöglichkeiten werden täglich unzählige Kinder abgetrieben. Es ist zwar grundsätzlich rechtswidrig, aber durch die Vorlage eines Beratungsscheines wird die Tötung straffrei und die Abtreibung zum festen Bestandteil der gesellschaftlichen Wirklichkeit.

**Wer nimmt das noch als Verbrechen wahr?** Frauen haben danach häufig Schuldgefühle oder fallen in Depressionen. Aber Gott hat uns die Gebote zu unserem Schutz gegeben. Doch der Zeitpunkt der Schwangerschaft scheint häufig nicht der richtige zu sein.

So gefiel es auch Josef in biblischen Zeiten nicht, als Maria mit Jesus schwanger wurde. Die Umstände waren für ihn so unerträglich, dass er sie am liebsten heimlich verlassen hätte, doch ein Engel wies ihm den richtigen Weg.

Vieles in unserer Welt können wir nicht verstehen. Warum mutet Gott uns so manches zu? Aber es gibt die frohe Botschaft, dass Gott zu uns als Kind in der Krippe kommt! Obwohl im Koran steht, dass Allah keinen Sohn hat, wird er mit dem Gott der Bibel gleichgestellt. Viele Fragen bleiben offen. Manches werden wir erst in der Ewigkeit erfahren.

Gott liebt uns, darum sandte er Jesus. Er ist barmherzig, darum sagte er zu der Ehebrecherin, die die Pharisäer verurteilen wollten: **„Wer unter Euch ohne Sünde ist, der werfe den ersten Stein."** Aber keiner wagte es. Durch unsere Sünde sind wir von Gott getrennt. Aber Jesus kam, um diese Trennung zu beenden, indem er uns von Sündenschuld befreit, wenn wir ihn darum bitten.

Wir können persönlich erfahren, dass die Worte Jesu wahr sind. Im Johannesevangelium macht Jesus viele Aussagen über sich selbst. Entweder ist es die Wahrheit – oder er spinnt. Ich habe ein *Ticket zum Himmel* mit seinen Worten erstellt: **„Ich bin der Weg und die Tür zum himmlischen Vater.** Jesus sagt es – Ich glaube es – persönliche Unterschrift".

Diese Tickets verschenke ich gern, wenn Offenheit und Freiheit dazu besteht. Denn jeder denkt irgendwann über sein Leben nach und fragt sich: „ Woher komme ich, wozu lebe ich und wo gehe ich hin?"

Manchmal gibt es durch das Ticket ein Schmunzeln oder ein gutes Gespräch. Nur selten erfahre ich Ablehnung oder Desinteresse. Als Christen haben wir nichts zu verlieren, sondern alles zu gewinnen bis in Ewigkeit. Mein ganzes Vertrauen setze ich darum auf Jesus, weil ich ihn als Wahrheit immer wieder erfahre. Er ist meine Kraftquelle und Lebensfreude.

## HIMMLISCHE GESPRÄCHE

*Lüdenscheider Nachrichten, Wort zum 28.07.2012*

Wenn die Sonne vom Himmel lacht, tut es uns allen gut. Es gibt ein Lied das heißt: „Gottes Liebe ist wie die Sonne, sie ist immer und überall da.." Das können wir auch wirklich erfahren.

Darum ist es mir so wichtig, es in Gesprächen zu bezeugen. Wir tun fast alles dafür, um irdisches Leben zu retten. Wie sieht es aber mit dem himmlischen Leben aus? Darüber wird bei uns außerhalb von Kirchen und christlichen Kreisen kaum gesprochen.

Unsere irdische Zeit ist begrenzt, die Ewigkeit aber endlos. Darum steht auf dem Grabstein meines verstorbenen Mannes: *Ewig bei Jesus.* Meine Aufgabe sehe ich nun besonders darin, in unterschiedlichen Situationen mit verschiedenen Personen über Glaubensthemen ins Gespräch zu kommen.

Der Urlaub eignet sich besonders gut dazu. Da kann ich oft schwärmen: „Haben wir es nicht gut, die Sonne scheint, der Himmel ist blau, nur im Himmel kann es schöner sein, oder?"

Inzwischen habe ich eine Visitenkarte, auf deren Rückseite das Wichtigste steht, nämlich die Worte Jesu: „Ich bin der Weg und die Tür zum himmlischen Vater." Es ist ein *Ticket zum Himmel,* ein Impuls, über sein Leben nachzudenken.

Teil 1 • Leben ein Gewinn – sterben als Gewinner! 133

Irmtraut Huneke
Pädagogin u. Autorin

Parkstraße 155a
58509 Lüdenscheid
Germany
☎ +49 23 51 2 11 50
irmtrauthuneke@web.de
www.irmtraut-huneke.de

Wenn ich sehe, dass sich zwei Personen gegenseitig fotografieren, frage ich sie, ob sie ein gemeinsames Foto möchten. So kommen wir ins Gespräch. In einem Fall sagte die Frau, dass sie in ihrem Beruf für das Wohlsein anderer sorge, sie selbst aber völlig erschöpft sei. Im weiteren humorvollen Gespräch meinte ich: „Vielleicht kann Sie dieses *Ticket zum Himmel* ein wenig ermutigen." Spontan umarmte sie mich und bedankte sich.

Ein weiteres *Ticket* schenkte ich einem älteren Herrn. Er betonte zwar, dass er an nichts glaube, wollte sich aber gern mit mir darüber unterhalten. In mehreren Gesprächen kam dann seine ganze CVJM-Vergangenheit wieder hoch. Unser Buch: „Neues entdecken." hat er danach mit großem Interesse gelesen.

Im Flugzeug erzählte uns der junge Pilot per Mikrofon, dass wir noch auf eine andere Maschine warten müssten, er die Verspätung aber aufholen würde. Der Flug war hervorragend. So war es mir ein Anliegen, mich bei Ihm zu bedanken.

Ich wartete, bis die vierköpfige Mannschaft sichtbar war, bedankte mich für den guten Flug und Service und sagte unter anderem schmunzelnd: „Sie schweben immer zwischen Himmel und Erde, darum möchte ich Ihnen allen gerne ein *Ticket zum Himmel* schenken." Sie nahmen es freudig an, und mit dem Piloten ergab sich noch ein kurzes Gespräch.

Bei einer mehrtägigen Busreise waren viele gute Begegnungen mit Ticketgeschenk möglich. Auf der Heimreise war es mir wichtig, mich auch im Namen aller am Mikrofon bei den beiden Busfahrern zu bedanken und für sie zu sammeln. Danach habe ich kurz aus meinem Leben erzählt und noch weitere Tickets verschenkt. Unter anderem sagte ich etwa: „Mein Mann ist schon im Himmel, und ich möchte da auch hin und möglichst viele dorthin einladen." Beim Abschied sagten einige fröhlich: „Wir möchten auch in den Himmel, aber noch nicht sofort."

Im September traf ich nach einem Empfang zum 10-jährigen Bestehen von Bibel TV nachts zwei gutgelaunte junge Frauen an einer roten Ampel in Hamburg. Wir kamen miteinander ins Gespräch, ich erzählte ihnen von dem christlichen Sender und schenkte ihnen je ein *Ticket zum Himmel*.

Da sagte die eine: „Wann findet das denn statt?" Indem sie es sagte, mussten wir alle drei lachen. Später erzählte ich es in einer Gruppe und jemand sagte: „Wenn man bei rot über die Straße geht, kann es sofort geschehen."

## Schlusswort

Früher habe ich im Freundeskreis und in der Nachbarschaft manchmal gesagt: „Mit 70 hat man das biblische Alter erreicht, da kann man ruhig sterben." Als ich auf die 70 zuging, meinten einige schmunzelnd: „ Nun, wie sieht es jetzt aus mit dem Sterben?" Meine Meinung hat sich nicht grundsätzlich geändert. Wenn Gott mich noch leben lässt, lebe ich mit Freude. Wenn mein Ende naht, bin ich bereit zu gehen. Alles geht auch ohne mich.

Für mein Leben finde ich es wichtig zu wissen, worüber ich mich identifiziere. **Durch Jesus habe ich eine neue, besondere Identität bekommen und jeder kann sie auch im Glauben annehmen.** Ich habe in unserer Ehe immer eine eigenständige Position gehabt, und meinem Mann ging es ebenso.

Wir hatten gemeinsame Interessen und Ziele. Aber jeder nutzte auch eigene Freiräume. **Wir konnten nicht immer alles verstehen, jedoch lernen uns gegenseitig stehen zu lassen.** Das alles war für mich hilfreich in der Krankheit, Pflege, Sterbe- und Trauerzeit. So konnte ich mich über das Gute freuen, aber auch das Schwere mit Gottes Hilfe immer wieder bewältigen lernen.

Als mein Mann starb, dachte ich, der hat es gut. Er kann in unserem Haus neben mir sterben. An einem Abend besprach ich diese Inhalte mit Trudi Gierlichs, die mehrfach hilfreich an diesem Buch mitgewirkt hat. Ich sagte: „Martin hatte mich an seiner Seite, als er starb, ich dachte immer: Wer wird mal bei mir sein?"

Spontan hob mein Enkel Jörn, der zurzeit bei mir wohnt und auch im Wohnzimmer saß, seinen Arm und sagte: „Ich." Ich musste lachen und daran denken, was er einmal in unserem Familienkreis meinte: „Oma, du bist noch so fit, du besuchst uns alle eines Tages noch im Altersheim."

Inzwischen kann ich Gott vertrauen, dass er das so macht, wie es für mich gut ist. Er kann mir Personen zur Seite stellen oder aber **seine Anwesenheit reicht mir völlig aus.** Zum Schluss bleibt nur noch Jesus und die Ewigkeit bei ihm, auf die ich gespannt bin und mich freue.

Denn: „Wir haben hier keine bleibende Stadt, sondern die zukünftige suchen wir" (Hebräer 13,14) sagt uns die Jahreslosung von 2013. Das stimmt. Darum ist es wichtig, dass wir Christen uns das bewusst machen, uns darauf vorbereiten und andere darauf hinweisen.

Vor kurzem hörte ich folgende Aussagen in einer christlichen Sendung: Wir Menschen fühlen uns oft wie Nullen. Wenn Jesus die Nummer 1 in unserem Leben ist und wir uns neben ihn stellen, sind wir schon 10. Je mehr Nullen sich daneben stellen, umso stärker werden wir. Ist das nicht wunderbar?

Solange ich lebe, ist es mein größter Wunsch, **bewusst in Gottes Gegenwart zu leben, seine Liebe und Vergebung zu erfahren und an möglichst viele weiterzugeben.** Außerdem werde ich immer wieder sagen, dass wir durch Jesus einen Platz im

Himmel haben können. Dazu habe ich so viele Möglichkeiten, in Begegnungen, Gruppen und natürlich auf Reisen.

Soeben bin ich von einer Reise zurückgekehrt. Ein Türke, der mit seiner deutschen Frau in Köln lebt, rief mich an, um mir zu sagen, dass er sich über unsere Begegnung im Urlaub gefreut hat. Über das Ticket ist er mit seiner Frau weiter im Gespräch.

Eine Atheistin wunderte sich über meine positive Ausstrahlung. Das Ticket hat sie gern angenommen. Aber über den Glauben wollte sie nicht viel wissen. Sie schickte mir ihr ehrliches, humorvolles, aber völlig hoffnungsloses Buch über das Sterben zu. Ihre Widmung lautete: **für „Madame Jesus".** Natürlich haben wir uns über den Inhalt am Telefon ausgetauscht.

Eines Abends setzte sich ein Herr etwa in meinem Alter an meinen Tisch. Wir kamen gleich in ein humorvolles und sogar vertrautes Gespräch, das wir auch bis jetzt weiterführen. Das Ticket durfte dabei nicht fehlen. Später tanzten wir nach Musik aus alten Zeiten.

Gott weiss, wie gern ich tanze. Dies geschieht täglich bei Anbetungsmusik auf dem Trampolin. Aber meine wichtigste Aufgabe sind Gebet, Gespräche und das Hinweisen auf die himmlische Zukunft. Denn wer einen Platz im Himmel hat, der hat auf der Erde gut reden. Sein Heiliger Geist schenkt mir immer wieder die Kraft und Freude dazu. „Denn die Liebe Gottes ist ausgegossen in unsre Herzen durch seinen Heiligen Geist." (Römer 5,5)

C.S. Lewis schrieb: **„Mach dir den Himmel zum Ziel und du bekommst die Erde hinzugefügt. Mach dir die Erde zum Ziel, und du bekommst beides nicht".**

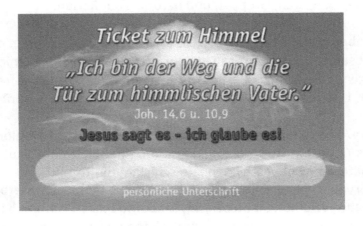

**NEHME ICH ES VON GANZEM HERZEN AN?**

Wer Kontakt zu mir aufnehmen möchte,
kann sich bei mir melden:

Irmtraut Huneke
Parkstr. 155a
58509 Lüdenscheid

Telefon 02351/21150
irmtrauthuneke@web.de
www.irmtraut-huneke.de

# Teil 2

## Pastor Richard E. Aidoo

# Erfülltes Leben durch Vergebung

### Frei von Bitterkeit und Unversöhnlichkeit leben.

*Jesus aber sprach:
Vater, vergib ihnen,
denn sie wissen nicht,
was sie tun!*

Lukas 23, 34

## Jesus spricht mit Vollmacht

Jedesmal, wenn ich in der Bibel etwas lese, das Jesus sagte, staune ich über die Autorität und Weisheit seiner Worte. Wenn Er spricht, hören die Menschen zu. Wenn Er etwas sagt, dann geschieht etwas. Weil Jesus Christus weiß, dass Er Gottes Sohn ist. Er weiß, welche Aufgaben Er hat. Er kennt die Kraft des Vaters, des Allmächtigen Gottes, der Himmel und Erde geschaffen hat durch ein gesprochenes Wort. Kurzum – Er kennt sich und kennt seinen Vater.

> „Da ging Jesus auf seine Jünger zu und sprach: Mir ist gegeben alle Gewalt im Himmel und auf Erden." (Matth. 28, 18)

Jesus Christus weiß, dass Er alle Macht im Himmel und auf Erden hat. Deswegen konnte Er in Situationen, in denen es um Leben und Tod ging, das Wort Gottes voller Autorität aussprechen.

> „Danach stieg Jesus in ein Boot und fuhr mit seinen Jüngern weg. Mitten auf dem See brach plötzlich ein gewaltiger Sturm los, so dass die Wellen ins Boot schlugen. Aber Jesus schlief. Da weckten ihn die Jünger und riefen voller Angst: „Herr, hilf uns, wir gehen unter!" Jesus antwortete: „Warum habt ihr Angst? Habt ihr denn kein Vertrauen zu mir?" Dann stand er auf und bedrohte Wind und Wellen. Sofort legte sich der Sturm und es wurde ganz still.
> 
> Alle fragten sich voller Staunen: „Was ist das für ein Mensch, selbst Wind und Wellen gehorchen ihm!" (Matth. 8, 23-27)

In Krisensituationen wusste Jesus genau, wer Er war – es war immer präsent in seinen Gedanken und Handlungen. Jedes Wort war erfüllt von Autorität, Weisheit und Macht. Es war klar und deutlich. Er schlief inmitten eines Sturmes, weil ihm bewusst war, dass alles in Gottes Hand ist.

## Wir sind verzagt – Er ermutigt

Manchmal vergessen wir, wer wir sind. Wir sind erfüllt vom Heiligen Geist, spüren seine Kraft und denken in dieser Phase, mehr Glauben als sonst zu haben. Wir sind obenauf. Wir preisen, wir beten, wir loben. Wir vertrauen, glauben und hoffen. Doch plötzlich geschieht etwas, eine Krise entsteht, das Problem scheint unlösbar, und wir fallen in unser altes Verhalten zurück. Wir vergessen, dass Gott die Kontrolle hat. In Psalm 46, 11 steht:

„Seid stille und erkennt, dass ich Gott bin."

Wir aber vergessen solche Bibelstellen, die Gottes Macht beschreiben und dass Er immer bei uns ist, wie in Josua 1, 5:

„Ich werde dich **nie** verlassen und dich nicht aufgeben!"

Manchmal vergessen wir auch, dass wir direkt zu Gott gehen können, weil wir seine Kinder sind:

„... und rufe mich an am Tag der Not, so will ich dich erhören und du sollst mich preisen!" (Psalm 50, 15)

Wir haben einen Vater, dem alles gehört, was wir jemals gesehen haben:

„Die Erde und alles was darauf ist gehört dem Herrn. Die Welt und die Menschen sind sein. Denn er hat die Fundamente der Erde in den Meeren verankert und sie auf den Tiefen der Ozeane erbaut." (Psalm 24, 1-2)

Jesus hat alles vom Vater gelernt. In Joh. 5 sagt er in Vers 20-23:

„Von sich aus kann der Sohn gar nichts tun, sondern er tut nur das, was er auch den Vater tun sieht. Was aber der Vater tut, das tut auch der Sohn. Denn weil der Vater den Sohn liebt, zeigt er ihm alles, was er selbst tut.

Und er wird ihn noch viel größere Wunder tun lassen, so dass ihr staunen werdet. So wie der Vater Tote auferweckt und ihnen neues Leben gibt, so hat auch der Sohn die Macht dazu, neues Leben zu geben, wem er will.

Denn nicht der Vater spricht das Urteil über die Menschen, vielmehr hat er das Richteramt dem Sohn übertragen, damit alle den Sohn ehren, genauso wie den Vater. Wer aber den Sohn nicht anerkennen will, der verachtet auch die Herrschaft des Vaters, der ja den Sohn gesandt hat."

## Jesus unser Vorbild

Auch wir können alles von Jesus und vom Vater lernen. Wir können unsere Gedanken erneuern lassen. Wir können lernen, unsere Gefühle zu beherrschen, in Krisensituationen sofort zu unserem Vater laufen und uns an sein Wort erinnern. In Eph.5, 1-2 fordert uns Paulus auf:

> „Ihr seid Gottes geliebte Kinder, daher sollt ihr in allem seinem Vorbild folgen. Geht liebevoll miteinander um, so wie auch Christus euch seine Liebe erwiesen hat. Aus Liebe hat er sein Leben für uns gegeben. Und Gott hat dieses Opfer angenommen."

Der erste Schritt zu einem vergebungsbereiten Leben besteht darin zu wissen, wer wir sind (Gottes Kinder) und wie wir sein sollen (Nachahmer Gottes). Wenn wir wissen, wer wir sind, wie wertvoll wir sind und wozu wir geschaffen wurden, dann lassen wir uns von nichts und niemandem von unserem göttlichen Auftrag abbringen, auch nicht von Bitterkeit oder gar Hass. Und wenn wir dann erkennen, welche Kraft uns das schenkt, können wir den Teufel auslachen, sobald er versucht, uns am Vergeben zu hindern.

Wir sind nach Gottes Ebenbild geschaffen:

> „... denn nach dem Bild Gottes hat er den Menschen geschaffen." (1. Mos. 9, 6)

Und von Ihm autorisiert, über alles zu herrschen:

> „Und Gott segnete sie und sprach: Seid fruchtbar und mehret euch und füllt die Erde und macht sie euch untertan; und herrscht über die Fische im Meer und die Vögel des Himmels und über alles Lebendige, das sich regt auf der Erde." (1. Mos. 1, 28)

Aber wer sind wir wirklich?

## Wir sind gerufen und auserwählt

„Schon vor Beginn der Welt, von Anfang an, hat Gott uns, die wir mit Christus verbunden sind, auserwählt. Wir sollten zu ihm gehören, befreit von aller Sünde und Schuld. Aus Liebe zu uns hat er schon damals beschlossen, dass wir durch Jesus Christus seine eigenen Kinder werden sollten. Dies war sein Plan, und so gefiel es ihm.

Darum wollen wir Gottes herrliche, unverdiente Güte preisen, die wir durch seinen geliebten Sohn erfahren haben. Denn durch sein Blut, das er am Kreuz vergossen hat, sind wir erlöst, sind unsere Sünden vergeben. Und das verdanken wir allein Gottes unermesslich großer Gnade.

In seiner Liebe beschenkte er uns mit Weisheit und Erkenntnis seines Willens. Er hat uns seinen Plan für diese Welt gezeigt. Was bis dahin geheim war, wollte er durch Christus ausführen. So soll, wenn die Zeit dafür gekommen ist, alles im Himmel und auf der Erde unter der Herrschaft Christi vereint werden.

Weil wir nun zu Christus gehören, hat Gott uns schon im Voraus als seine Erben eingesetzt; denn was Gott einmal beschlossen hat, das führt er auch aus. Jetzt sollen wir mit unserem Leben Gottes Herrlichkeit für alle sichtbar machen, wir, die wir schon lange auf unseren Retter gewartet haben.

Das gilt aber auch für euch, die ihr erst jetzt das Wort der Wahrheit gehört habt, die gute Botschaft von eurer Rettung. Nachdem ihr diese Botschaft im Glauben angenommen habt, gehört ihr nun Gott. Er hat euch sein Siegel aufgedrückt, als er euch den Heiligen Geist schenkte, den er jedem Glaubenden zugesagt hat.

Diesen Geist hat Gott uns als ersten Anteil an unserem himmlischen Erbe gegeben, als Pfand für das vollständige Erbe, die vollkommene Erlösung. Und dann werden wir Gott in der Herrlichkeit loben und preisen." (Epheser 1, 4-14)

Wozu leben wir also? Wir leben, um Gott zu preisen, wir sind geschaffen zum Lob seiner Gnade und Liebe.

„Ihr aber seid ein von Gott auserwähltes Volk, seine königlichen Priester, ihr gehört ganz zu ihm und seid sein Eigentum. Deshalb sollt ihr die großen Taten Gottes verkünden, der Euch aus der Finsternis befreit und in sein wunderbares Licht geführt hat. Früher habt ihr nicht zu Gottes Volk gehört. Aber jetzt seid ihr Gottes Volk! Früher kanntet ihr Gottes Barmherzigkeit nicht; doch jetzt habt ihr sie erfahren." (1. Petrus 2, 9)

Liebe Freunde, **wir können lernen, so zu sein wie Christus.** Wir können den Auftrag annehmen, Gott zu preisen. Mit Gottes Hilfe können wir lernen zu erkennen, wer wir sind, wie wir sind und wozu wir existieren. Wir brauchen nicht auf die Lügen Satans hereinzufallen. Wir haben von Gott so Vieles geschenkt bekommen:

> „denn Gott hat uns nicht den Geist der Furcht gegeben, sondern sein Geist erfüllt uns mit Kraft, Liebe und Besonnenheit." (2. Tim. 1, 7)

## Angst?

Angst stammt nicht von Gott. Er gab uns nur Gutes, z. B. auch den Geist der Kraft, Liebe und Besonnenheit. Diese Besonnenheit hilft uns, unser Naturell zu bändigen. Wir lernen, unsere übereifrige Lästerzunge zu beherrschen oder den Appetit auf zu viel Schokolade. Aber auch den Hass, das Gefühl der Einsamkeit und der Unversöhnlichkeit. Wie Jesus es uns im folgenden Beispiel zeigt:

> Matth. 26, 47-53: Noch während Jesus sprach, kam Judas, einer von seinen Jüngern, zusammen mit vielen Männern, die mit Schwertern und Knüppeln bewaffnet waren. Die Hohenpriester und die führenden Männer des Volkes hatten sie geschickt.
>
> Judas hatte mit ihnen vereinbart: „Der Mann, den ich küssen werde, der ist es, den nehmt fest." Er ging auf Jesus zu und sagte: „Sei gegrüßt, Meister!" Dann küsste er ihn. Jesus sah ihn an: „Mein Freund, warum bist du gekommen?" Sofort packten ihn die Männer und nahmen ihn fest.
>
> Aber einer der Jünger, die bei Jesus waren, wollte das verhindern. Er zog sein Schwert, schlug auf einen Diener des Hohenpriesters ein und hieb ihm ein Ohr ab. Doch Jesus befahl ihm: „Stecke dein Schwert weg! Wer Gewalt anwendet, wird durch Gewalt umkommen.

Ist dir denn nicht klar, dass ich meinen Vater um ein ganzes Heer von Engeln bitten könnte? Er würde sie mir sofort schicken."

Diese Schriftstelle kennen wir alle gut. Jesus und seine Jünger waren im Garten Gethsemane. Jesus hatte sich dahin zurückgezogen, um zu beten, denn er wusste, dass ihm die Kreuzigung bevorstand. Nachdem er lange und intensiv gebetet hatte, kam Judas in Begleitung der Hohenpriester und Ältesten und küsste ihn. Sie alle hatten Jesus in den Synagogen und auf den Straßen predigen hören; hatten Heilungen und Wunder miterlebt.

## Judas

Und einer von ihnen war Judas, einer der Zwölf. Auch er hatte Wunder und Heilungen gesehen. Menschen wurden von Geistern befreit. Witwen und Waisen wurde geholfen. Jesus hatte auch ihn ausgewählt und sogar Freund genannt. Er wusste genau, dass durch Jesus nur Gutes entstanden war.

Warum wollte er ihn dann verraten? Weil er es nicht geschafft hatte, sein Leben von Jesus berühren oder gar ändern zu lassen? War er eifersüchtig? Brauchte er das Geld? Wollte er mehr sein als nur einer der Jünger? Sind das nicht auch Fragen, die wir uns stellen, wenn wir über Judas nachdenken? Er plante, Jesus auf die übelste Art zu verraten. Er war zu den Hohenpriestern gegangen und hatte über das Leben eines Menschen verhandelt. Über das Leben eines Mannes, von dem er wahrscheinlich wusste, dass er der Messias, der Retter war.

„Anschließend ging einer der zwölf Jünger, Judas Ischariot, zu den Hohenpriestern und fragte: Was zahlt ihr mir, wenn ich euch Jesus verrate? Sie versprachen ihm 30 Silbermünzen. Von da an suchte Judas eine gute Gelegenheit, Jesus zu verraten." (Matt. 26, 14-16)

Nach diesem Verhandlungsgespräch setzte er sich sogar noch an einen Tisch mit Jesus. Das können wir weder nachvollziehen noch verstehen. Einige von uns sehnen sich nach nichts mehr als der Gegenwart Jesu, und hier war einer, der mit ihm Tisch und Zimmer teilte. Natürlich geschah dies alles, damit die Schrift erfüllt wurde, damit Jesus als Retter fungieren konnte. Aber mit unserem menschlichen Verstand können wir es nicht begreifen.

Vielleicht konnte Jesus es ebenso wenig verstehen, dass jemand, der ihn so gut kannte, verriet. Wir lesen, dass Judas Jesus küsste. Der Kuss war das Zeichen, den sollten sie festnehmen. Einen Kuss teilt man eher mit jemandem als Zeichen der Begrüßung oder der Liebe, aber Judas küsste als Zeichen des Verrats. „Er ist es; nehmt ihn fest!"

Petrus konnte und wollte das nicht verstehen. War das der gleiche Judas, der Rabbi zu Jesus sagte? Der Judas, mit dem sie die Einheit der Zwölf bildeten? Nicht elf waren sie, nein zwölf Jünger Jesu. Seine Nachfolger. Sie waren die ganze Zeit bei ihm und mit ihm, haben bei ihm und von ihm gelernt. Als die Jünger ausgesandt wurden, um das Wort zu verkündigen, da war Judas auch dabei!

> „Er rief aber die Zwölf zusammen und gab ihnen die Kraft und die Macht, alle Dämonen auszutreiben und Kranke zu heilen; er beauftragte sie, überall die Botschaft vom Reich Gottes zu verkünden und die Kranken gesund zu machen." (Luk. 9, 1-2)

Nirgendwo lesen wir, dass Judas nicht ausgesandt wurde. Es steht nirgends, dass allen Jüngern außer Judas Gewalt und Macht über die bösen Geister verliehen wurde. Judas erhielt ebenso wie die Anderen Vollmacht, er war hundertprozentig Jünger. Er verbrachte genauso viel Zeit mit Jesus wie die anderen. Er erlebte die gleichen Wunder wie die anderen und sah den gleichen Heiligen Geist am Werk.

Und hier steht er nun, im Garten von Gethsemane und verrät seinen Meister. Er verrät aber in diesem Moment auch seine Mitjünger. Er verrät alles, woran sie glauben. Mit einem Kuss verhöhnt er sie, gibt Freundschaften auf, aus Zwölfen werden elf. Mit einem Kuss bricht die Welt des Petrus zusammen. Nur ein Kuss – und Petrus ergreift das Schwert.

Viele von uns kennen das: Da meint man, jemanden zu kennen, und er enttäuscht uns so sehr, dass wir glauben, zum Schwert greifen zu müssen. Wegen einer Person, der wir Vertrauen schenkten, die wir aufnahmen, ohne Fragen zu stellen. Der wir die Tür öffneten und sagten: Fühl dich bei mir wie zuhause. Eine Person, die einen judasähnlichen Kuss benutzt und uns damit so viele Schmerzen zufügt, dass wir nur noch mit einem Schwert zustoßen möchten. Dieser Judaskuss kann ein Satz sein wie dieser: „Ich liebe dich nicht mehr" oder „Ich brauche dich nicht mehr" oder „Einen wie dich will doch keiner." Oder es kann eine Tat sein: Ehebruch, Missbrauch, Gewalt, Diebstahl, Mobbing am Arbeitsplatz usw. Ich bin mir sicher, dass jeder von uns irgendwann auf irgendeine Weise das Gefühl hatte, verraten worden zu sein oder heftig verletzt wurde.

## Petrus

Betrachten wir es so, dann können wir nachvollziehen, warum Petrus zum Schwert greift. Er fühlt sich angegriffen, weil Jesus gerade verraten wurde und weil er selbst mit verraten wurde. Er glaubt vielleicht in jenem Moment, alles ist vorbei, alles, wofür er in den letzten Monaten gelebt hat, soll nun vorbei sein? Nein!

Nach dem Aus einer Beziehung fühlen wir uns häufig auch so. Vielleicht auch nach einer unfairen Kündigung. Es bleiben Fragen: Wieso? Was habe ich falsch gemacht? War alles nur eine Lüge? Und die schwierigste Frage: Was soll ich jetzt nur machen? Aber in Matthäus 26, Vers 52 lesen wir:

> „Da sprach Jesus zu ihm: **Stecke dein Schwert in die Scheide. Denn wer zum Schwert greift, wird durchs Schwert umkommen.**"

Ich habe diese Stelle so oft gelesen, und immer habe ich an ein materielles Schwert gedacht. Ich habe gedacht: Klar, logisch, wer in den Krieg zieht, Menschen umbringt, der wird auch auf diese Weise umkommen. Wir wissen schließlich, dass Jesus der Friedefürst ist (Jes. 9,5), und wo Frieden herrscht, darf und kann es keine Gewalt geben.

Gewalt ist niemals eine Lösung, vielmehr eine Tat der Verzweiflung. Wir wissen auch, dass Gewalt Gegengewalt erzeugt. Aber an diesem Donnerstag, dem 28. Oktober 2009, als Martin und ich diesen Text betrachteten, da erkannte ich mit einem Mal eine andere Bedeutung. Wie gut, dass Gott uns manchmal die Augen öffnet.

## Unversöhnlichkeit

Das Schwert, von dem Jesus hier spricht, könnte genauso gut Unversöhnlichkeit heißen oder Hass. Wie oft haben wir selbst schon mal ein Schwert gezückt und angefangen zu richten, zu hassen, zu fluchen? Wie oft wurden wir verbittert und sagten: Vergeben vielleicht, aber vergessen werde ich das niemals!

Unser himmlischer Vater kennt diese Situationen. Es wäre menschlich zu meinen, dass wir bestimmte Verletzungen nicht vergeben brauchen oder können. Wie glauben dann, es sei gerecht, dass diese Personen in der Hölle dafür schmoren müssen. Oder wir glauben, die Gerechtigkeit besteht darin, es mit Rache zurückzuzahlen. Mit Leid. Wir schmieden Pläne, schärfen unser Schwert und hoffen, es bald einsetzen zu können.

Dabei vergessen wir, dass wir kostbare Zeit verschwenden. Wir vergessen, dass wir das Leben nicht mehr genießen können, weil unsere Gedanken nur noch um dieses eine Thema kreisen. Und dass das Leben so schön sein kann.

Wir hassen. Wir weigern uns, an Vergebung auch nur zu denken. Und jeder, der das Wort *Vergebung* in unserer Gegenwart als Lösung nennt, ist unten durch. Wir warten auf den Tag, an dem wir die Rache kalt servieren werden. Und vergessen dabei, dass Jesus gesagt hat:

> **„Stecke dein Schwert in die Scheide, denn wer zum Schwert greift, wird durchs Schwert umkommen."**

Vielleicht ist deine Ex-Frau dabei, ihr Wunschleben ohne dich weiter zu leben. Oder: Der Mann, der dich einmal sexuell missbraucht hat, isst gerade seelenruhig ein Eis, während du an deiner Traurigkeit und deinem Schmerz erstickst. Ich verstehe dich. Jeder, der sich in deine Lebenslage versetzt, kann nachvollziehen, wie weh es tut, was du gerade durchmachst.

Menschen, die erlebt haben, dass ein Kind ermordet wurde, oder die selbst durch einen schlimmen Vorfall, ein Trauma verstört sind, empfinden tiefen Schmerz. Aber gerade dir will ich sagen, dass Gott dich heilen und dir helfen will. Du sollst dein Leben nicht in einem Loch namens PTBS (Posttraumatische Belastungsstörung) oder in Depressionen verbringen. Gott liebt dich sehr, er will dir helfen.

## Aber ...! Umgang mit Verletzungen

Aber die anderen haben Schwerter und Stangen! Da muss ich mich doch verteidigen!
Ich brauche dieses Schwert, wenn ich es loslasse, stehe ich ohne Schutz da ...!
All das könnte Petrus in jenem Moment gedacht haben. Vielleicht dachte er, die Tatsache, dass die Gruppe um die Hohenpriester Schwerter und Stangen dabeihatten, rechtfertige seine Tat.
Er hieb einem Menschen das Ohr ab mit seinem Schwert! Notwehr, würde man heute sagen.
Im Affekt, würde man vor Gericht plädieren. Aber Tatsache ist, dass Petrus derjenige war, der einem Menschen das Ohr abschlug.

In Zeiten, in denen wir verletzt sind und leiden, neigen wir dazu, Umstehenden „das Ohr abzuschlagen". Wir verletzen Menschen, die mit der Verletzung, die wir erlitten haben, nichts zu tun haben. Wir wollen den Schmerz loswerden. Sie sollen genau spüren, was wir da erlebt haben und wie weh das tut.

Nun könntet ihr sagen: Aber der Mann, dessen Ohr abgeschlagen wurde, war doch dabei, den unschuldigen Jesus zu verhaften! Das mag sein, aber der Mann mit dem abgeschlagenen Ohr war der Knecht des Hohenpriesters (Vers 51). In der damaligen Zeit musste ein Knecht alles tun, was sein Herr anordnete. Und wenn der Auftrag an diesem Tag hieß, komm mit zum Garten Gethsemane und nimm Jesus gefangen, dann musste der Knecht gehorchen. Es könnte durchaus sein, dass der Knecht es gar nicht wollte, doch er musste es tun. Es war sein Auftrag. Er wurde dafür bezahlt mitzugehen. Und dann schlug Petrus ihm das Ohr ab!

Ich bin in Afrika geboren, dort erzählt man viele Geschichten. Einige sind sehr schön und helfen, manches besser zu verstehen, vor allem solche mit Tieren. Es ist bekannt, dass Löwen gefährlich sind. Raubtiere sind gefährlich. Manche Menschen wissen vielleicht nicht, dass verletzte Tiere noch gefährlicher sind.

Ein verletztes Tier wird den Menschen, der ihm helfen will, angreifen, wenn er in seine Nähe kommt. Es wird nicht verstehen, dass er helfen möchte. Es denkt, dieser Mensch bewirkt, dass die Verletzung schlimmer wird oder zum Tod führt. In einem solchen Fall ist das Tier bereit, bis zum letzten Blutstropfen zu kämpfen.

In meiner Arbeit als Pastor erlebe ich Ähnliches: Menschen, die verletzt wurden, verletzen andere. Ich denke, dies geschieht unbewusst, es ist ein Verteidigungsmechanismus. Weil sie einmal verletzt wurden, wollen sie auf keinen Fall wieder verletzt werden.

Diese Erkenntnis schenkte mir Gott schon sehr früh, und ich bin dankbar dafür. So weiß ich, dass Angriffe gegen mich oft nicht wirklich gegen mich gerichtet sind. Wenn ein verletzter Mensch noch nicht die Chance hatte, die befreiende Wirkung von Vergebung und innere Heilung zu erleben, meint er, die anderen wollen ihm bewusst wehtun.

Petrus wurde zutiefst verletzt. Er schlug um sich, egal wen er dabei verletzte. Er wollte auf keinen Fall diese Schmerzen in seinem Leben erdulden. Alles war in seinen Augen zu Ende . Jesus hatte man weggeführt. Das war aber nicht plötzlich geschehen. Immer wieder hatte Jesus mit den Jüngern darüber gesprochen und versucht zu erklären, was auf sie alle zukam. Vielleicht warf Petrus sich nun vor, im Garten Gethsemane nicht bei Jesus geblieben zu sein. Oder dass er die Absicht von Judas nicht rechtzeitig erkannt und verhindert hatte. Nun war Jesus verhaftet.

Vielleicht kennst Du solch eine Situation. Du machst dir selbst Vorwürfe, die Vorzeichen nicht erkannt zu haben. So sind neben der Unversöhnlichkeit auch noch Schuldgefühle da, Selbstvorwürfe. Und das Päckchen, das du trägst, wird immer schwerer, und das Gefühl, unter einer Last zusammenzubrechen, wird unerträglich. Aber stimmt das bei Petrus? Wäre sein Schmerz nicht geringer, müsste er zusehen, wie der Meister, der beste Freund weggeführt wird? Bei einem Freund würden wir heute sagen: „Mit ihm kann man Pferde stehlen." Jesus war für Petrus der Freund, mit dem er übers Wasser gehen konnte. Und jetzt war er weg ...

## Erste Reaktion: Flucht

Aber wie bereits schon in diesem Buch erwähnt wurde, musste es geschehen, damit all das erfüllt werden konnte, was Gott durch die Propheten angekündigt und versprochen hatte.

> „Der Geist des Herrn ist auf mir, weil der Herr mich gesalbt hat, den Armen frohe Botschaft zu verkündigen; er hat mich gesandt, die zu heilen, die ein zerbrochenes Herz haben und zu verkünden, dass die Gefangenen freigelassen und die Gefesselten befreit werden." (Jes. 61,1)

Jesus musste weggeführt und gekreuzigt werden, damit die Trennung zwischen den Menschen und Gott aufgehoben werden konnte, die durch Sünde entstanden war. Wenn ein Mensch *aber* sagt, kommt oft eine Ausrede oder ein Grund, weshalb etwas nicht getan werden soll. Wenn Gott *aber* sagt, dann folgt etwas Positives:

„Du bist vielleicht nicht perfekt, aber du bist mein." Oder: „Du denkst, du bist am falschen Ort, aber ich kann dich genau dort gebrauchen." – „Du denkst, es ist unmöglich, zu vergeben und zu vergessen, aber **ich tue es jeden Tag, ich kann dir dabei helfen, es auch zu tun.**"

So traurig und grausam die Kreuzigung von Jesus auch war, es musste geschehen. Gott liebt die Menschen und wollte von Anfang an eine Beziehung zu ihnen. Es war also notwendig, dass geschah, was Petrus als furchtbar und traumatisch erlebte. Es gab keinen anderen Ausweg. Entweder gibt Jesus sein Leben auf grausame Art hin, oder die Menschen können nie nah bei Gott sein und seine Gnade und Vergebung empfangen. Petrus konnte Jesu qualvollen Tod nicht aushalten und floh ...

Aber vor wem floh Petrus? Man könnte denken, dass er vor der Situation oder seinem schlechten Gewissen floh. Aber das waren Dinge, die dazu führten, dass er vor Gott floh. Oft im Leben und besonders in Situationen, in denen wir eigentlich zu Gott hinrennen müssten, fliehen wir vor ihm.

Wir rennen weg. Wir ertragen Seine Gegenwart am wenigsten in Situationen, in denen wir sie am meisten bräuchten. Gedanken, Selbstvorwürfe oder Zweifel kommen und bewirken eine Trennung zwischen uns und Gott. Genau das, wofür Jesus bezahlt hat – die Aufhebung der Trennung zwischen Mensch und Gott – wird wieder von uns selbst aufgebaut. In solchen Situationen haben wir sogar das Gefühl, als kehre Gott uns den Rücken zu. Bei genauer Betrachtung jedoch würden wir feststellen, dass wir IHM den Rücken zugekehrt haben und auch noch Augen und Ohren vor Ihm verschließen.

Alle Jünger flohen, ja sie verließen ihn sogar.

Dieses Wort VERLASSEN brauche ich nicht zu beschreiben. Jemand entfernt sich aus deinem Leben. Er verlässt dich und das, woran du glaubst. Du bist allein. Diese Person erlebt nicht mehr mit, was du machst, wie du denkst und fühlst, weil sie schlicht weg ist. Du bist allein.

Vielleicht hast auch du eine Situation nicht mehr aushalten können und bist geflohen, weil du das für die richtige Entscheidung hieltest. Nun bereust du es, denjenigen verlassen zu haben. Vielleicht gab es schon einmal eine Situation, in der du Gott verlassen hast. Vielleicht hattest Du einfach Angst oder Zweifel, das Gefühl, nicht gut genug zu sein. Du glaubtest nicht mehr daran, dass Gott in der Lage ist, dies zu bessern. Und du ziehst es vor zu fliehen.

## Zurück zum Anfang

Zweifel, Angst und Scham vor Gott sind klare Zeichen dafür, dass wir ihm nicht vertrauen. Wegrennen vor Gott deutet darauf hin, dass wir sein Vaterherz noch nicht entdeckt haben. Würden wir ihn besser kennen, wüssten wir, dass nichts und niemand uns bei ihm schlecht machen kann. Er liebt uns mehr, als wir uns vorstellen können. Als Adam und Eva gesündigt hatten, versteckten sie sich vor Gott.

> „Als es am Abend kühl wurde, hörten sie Gott den Herrn im Garten umhergehen.
> Da versteckten sie sich zwischen den Bäumen.
> Gott der Herr rief nach Adam: „Adam, wo bist du?" (1. Mos.3, 8-10)

Gott suchte die beiden. Er kannte Adam und Eva, er hatte sie geschaffen und mit seinen Händen geformt. Gott sucht dich jedesmal, wenn du dich versteckst. Dann ruft Er dich bei deinem Namen.

> **„Fürchte dich nicht, ich habe dich erlöst. Ich habe dich bei deinem Namen gerufen; du bist mein."**
> (Jes. 43, 1)

Das bedeutet, dass Gott deinen Namen kennt, denn er hat dich erschaffen.

> „Da formte Gott der Herr aus der Erde den Menschen und blies ihm den Atem des Lebens ein. So wurde der Mensch lebendig." (1. Mos. 2, 7)

Gott nahm Erde, formte den Menschen und hauchte ihm seinen eigenen Atem ein. Er gab ihm das Leben. Als Geschenk, freiwillig. Niemand hat Gott gezwungen, dich oder mich oder Adam und Eva zu schaffen. Er wollte es. Er war der erste, der Adam und Eva berührte und ihren Namen sprach. Er wollte sie lieben und Zeit mit ihnen verbringen.

Der Tag, an dem sich Adam vor Gott versteckte, war sicher nicht der erste, an dem Gott im Garten spazieren ging und sich mit ihm unterhielt. Ich kann mir vorstellen, dass eine Beziehung bestand. Gott kannte und liebte Adam und Eva, und sie kannten und liebten Gott. Gott hatte Vertrauen zu Adam. Er brachte persönlich alle Tiere zu Adam, damit er ihnen Namen geben konnte.

> „Und Gott der Herr formte aus Erde alle Arten von Tieren und Vögeln. Er brachte sie zu Adam, um zu sehen, welche Namen er ihnen geben würde. Und Adam wählte für jedes Tier einen Namen." (1. Mos. 2, 19)

## Gott beauftragt und beschenkt Adam

Gott der Allmächtige geht auf Erden spazieren und überträgt dem Menschen eine wichtige Aufgabe. Also hat Gott Interesse an uns. Er erkannte, dass Adam nicht allein sein sollte und schuf ihm eine Frau. Nicht weil es für Gott besser war, sondern weil es ihm am Herzen lag, dass es Adam gut geht. Er kennt unsere Wünsche, noch bevor wir sie aussprechen.

> „Noch bevor sie rufen, werde ich ihnen antworten; während sie mir noch ihre Bitten vortragen, will ich sie schon erhören!" (Jes. 65, 24)

Gott erkannte, was Adam brauchte. Adam konnte nicht wissen, dass er eine Frau brauchte. Es gab ja zu dieser Zeit noch keine Frauen. Aber Gott wusste es.

> „Und Gott der Herr sprach: Es ist nicht gut, dass der Mensch allein sei; ich will ihm eine Gehilfin machen, die ihm entspricht." (1. Mos. 2, 18)

Also schuf Gott ihm eine Gehilfin. Gott möchte auch, dass es dir gut geht. Viele Menschen meinen, dass Gott nur Schlechtes über uns denkt, etwa: Schon wieder derselbe Fehler! oder: Wie lange will er denn noch alkoholsüchtig sein? Aber das stimmt nicht, denn Gott sagt:

> „Ich weiß wohl, was für Gedanken ich über euch habe, spricht der Herr, Gedanken des Friedens und nicht des Unheils, um euch Zukunft und Hoffnung zu geben." (Jer. 29, 11)

Ist dir bewusst, dass Gott nur gute Gedanken über dich hat? Und dass Er dir Zukunft und Hoffnung geben will? Adam und Eva wussten das auch nicht, sonst hätten sie sich nicht versteckt. Sie hätten Gott gesucht und ihm sofort alles erzählt. Was passiert, wenn wir Gott suchen? In Jeremia 29, 12-14 sagt Gott selbst:

> „Wenn ihr dann zu mir rufen werdet, will ich euch antworten. Wenn ihr zu mir betet, will ich euch erhören. Wenn ihr mich sucht, werdet ihr mich finden; **ja wenn ihr ernsthaft, mit ganzem Herzen nach mir verlangt, werde ich mich von euch finden lassen.**

> Ich will euer Geschick wenden und euch aus allen Völkern und von allen Orten, wohin ich euch vertrieben habe, zusammenbringen und will euch wieder dorthin zurückbringen, von wo ich euch fortgejagt habe."

Selbst in dem Moment, als Adam und Eva erkannten, dass sie nackt waren, in dem sie also ihre Sünde erkannten, hat Gott sie nicht verlassen. Sie waren ungehorsam. Hatten das Gegenteil von dem gemacht, was Gott befohlen hatte, und dennoch kam Er ihnen zu Hilfe.

Sicherlich gab es Konsequenzen. Wenn wir sündigen, gibt es immer Konsequenzen. Wenn wir stehlen und dann verhaftet werden, passiert das nicht, weil Gott uns bestrafen will, sondern weil es strafrechtlich verfolgt wird. Es ist auch nicht die Strafe Gottes, wenn jemand schwanger wird, weil er Sex vor der Ehe hatte – es ist der biologische Ablauf der Dinge. Außerdem sind Kinder keine Strafe sondern Geschenke Gottes.

Adam und Eva mussten als Konsequenz den Garten verlassen. Schlimmer noch war, dass sie Gottes Gegenwart verließen. Ein Leben getrennt von der wunderbaren Gegenwart Gottes: das muss sehr schlimm gewesen sein. Dennoch half ihnen Gott.

> „Und Gott der Herr machte Adam und seiner Frau Kleider aus Fell und bekleidete sie." (1. Mos.3, 21)

Gott machte ihnen nicht die Kleider, um sie nicht nackt sehen zu müssen. Er hatte sie ja die ganze Zeit über nackt gesehen. Nein, er machte sie ihnen, damit sie sich nicht zu schämen brauchten. Dies machte Er, um ihnen zu helfen.

In dem Moment, wo du dich nackt und verlassen fühlst, beschützt dich Gott. Er kleidet dich mit seiner Gegenwart und Hilfe. So sehr liebt Er dich, also verstecke dich nicht vor ihm. Sag nur *Gott* oder *Vater,* und Er wird dich trösten.

Wenn ein Ehepaar feststellt, dass ein Baby unterwegs ist, bereitet es alles vor: sie suchen ein Bettchen, lassen sich beraten, streichen das Kinderzimmer neu und schaffen eine sichere und schöne Umgebung für das Baby. Sie freuen sich und wollen, dass alles schön ist. Ist dir eigentlich bewusst, dass Gott zuerst das Chaos und die Leere im All wegräumte

> „Die Erde aber war wüst und leer, und es lag Finsternis auf der Tiefe." (1. Mos.1, 2)

und für Licht sorgte, bevor Er den Menschen schuf?

> „Und Gott sprach: Es werde Licht, und es ward Licht." (1. Mos.1, 3)

Die Erde war durcheinander, dunkel und kalt. Es gab nichts von all dem Schönen, das wir heute sehen. Da räumte Gott auf; Er schuf eine wunderschöne Umgebung mit Bäumen, Sonne und Mond, vielen Sternen, Blumen, dem Meer, Fischen und Tieren. Er machte Nahrung und Trinkwasser. Und als Er sich die Schöpfung betrachtete in all ihrer Schönheit und „sah, dass es gut war" (1. Mos.1,25), da erst schuf Er Sein Meisterwerk, den Menschen. Er hat vorher alles „renoviert". **Gott war sicher voller Vorfreude, dich zu machen.** Er wollte dich beeindrucken.

Die Schöpfung ist eine Liebesgeschichte. Sie erzählt uns, dass Gott uns liebt. Wenn du alles andere vergisst, was in diesem

Buch steht, so hoffe ich, dass du dich daran erinnerst, dass Gott dich liebt. **Gott liebt dich so sehr.** Mehr als du dir jemals vorstellen kannst.

## Gottes Wort ist Wahrheit

Bevor ich schreibe, was die Bibel zur Vergebung sagt, will ich erzählen, warum ich das glaube, was die Bibel sagt. Die Bibel ist Gottes Wort, und sein Wort ist wahr.

> „Alle deine Worte sind wahr, alle deine gerechten Gesetze haben ewig Bestand." (Psalm 119, 160)

In manchen Übersetzungen heißt es: „Die Summe deiner Worte ist Wahrheit." Also alles, was Gott sagt, ist wahr. Sein Wort ist nicht nur wahr, es ist auch in der Lage, uns frei zu machen.

> „Ihr werdet die Wahrheit erkennen, und sie wird euch frei machen." (Joh. 8, 32)

Aus diesem Grund ist es für jeden von uns gut, sich durch Gottes Wort frei machen zu lassen. Jesus Christus ist Gottes lebendiges Wort. Joh. 1, 1-14:

> „Am Anfang war das Wort. Das Wort war bei Gott, und das Wort war Gott selbst. Von Anfang an war es bei Gott. Alles wurde durch das Wort geschaffen, und nichts ist ohne das Wort geworden. Von ihm kam alles Leben, und sein Leben war das Licht für alle Menschen.

Es leuchtet in der Finsternis, doch die Finsternis wehrte sich gegen das Licht. Gott schickte einen Boten, einen Mann, der Johannes hieß. Er sollte die Menschen auf das Licht hinweisen, damit alle durch seine Botschaft an den glauben, der das Licht ist. Johannes selbst war nicht das Licht. Er sollte die Menschen nur auf das kommende Licht vorbereiten.

Der das wahre Licht ist, kam in die Welt, um für alle Menschen das Licht zu bringen. Doch obwohl er unter ihnen lebte und die Welt durch ihn geschaffen wurde, erkannten ihn die Menschen nicht.

Er kam in seine Welt, aber die Menschen nahmen ihn nicht auf. **Die ihn aber aufnahmen und an ihn glaubten, denen gab er das Recht, Kinder Gottes zu werden.**

Das wurden sie nicht, weil sie zu einem auserwählten Volk gehörten, auch nicht durch menschliche Zeugung und Geburt. Dieses neue Leben gab ihnen allein Gott.

Das Wort wurde Mensch und lebte unter uns. Wir selbst haben seine göttliche Herrlichkeit gesehen, wie sie Gott nur seinem einzigen Sohn gibt. In ihm sind Gottes vergebende Liebe und Treue zu uns gekommen."

Und in Joh. 14, 6 lesen wir:

„Jesus spricht zu ihm: Ich bin der Weg, **die Wahrheit** und das Leben ..."

Wir können also getrost das glauben, was Jesus Christus sagt, und auch das, was in der Bibel steht. Ich lade euch ein, die nachfolgenden Schriftstellen zu lesen, drüber nachzudenken und Gott zu bitten, dass Er damit Licht, Leben und Wahrheit in eure Situation bringt und euch von Unversöhnlichkeit befreit.

> „Gottes Wort ist voller Leben und Kraft. Es ist schärfer als die Klinge eines beidseitig geschliffenen Schwertes, und dringt bis in unser Inneres, bis in unsere Seele und unseren Geist und trifft uns tief in Mark und Bein. Es ist ein unbestechlicher Richter über die Gedanken und geheimsten Wünsche unseres Herzens." (Hebr. 4, 12)

Ich bete, dass Gottes Wort die Lügen aus unserem Leben wegschneidet und die Wahrheit uns helfen wird, Vergebung anzunehmen und weiterzugeben.

## Vergebung

Gottes Wort zum Thema Vergebung ist sehr eindeutig. Manchmal denken wir, es sei hart, was Gott da von uns erwartet. Aber wir vergessen, dass er uns dabei helfen will. So sind wir auch beim Vergeben nicht allein.

> Da fragte Petrus: „Herr, wie oft muss ich meinem Bruder vergeben, wenn er mir Unrecht tut? Ist siebenmal genug?" „Nein", antwortete Jesus, „nicht nur siebenmal, sondern siebzig mal siebenmal."

> Man kann das Reich Gottes mit einem König vergleichen, der mit seinen Verwaltern abrechnen wollte. Zu ihnen gehörte ein Mann, der ihm einen

Millionenbetrag schuldete. Aber er konnte diese Schuld nicht bezahlen. Deshalb wollte der König ihn, seine Frau, seine Kinder und seinen gesamten Besitz verkaufen lassen, um wenigstens einen Teil seines Geldes zu bekommen.

Doch der Mann fiel vor dem König nieder und flehte ihn an: „Herr, habe noch etwas Geduld. Ich will ja alles bezahlen." Da hatte der König Mitleid. **Er gab ihn frei und erließ ihm seine Schulden.**

Kaum war der Mann frei, ging er zu einem der anderen Verwalter, der ihm einen kleinen Betrag schuldete, packte und würgte ihn und schrie: „Bezahl jetzt endlich deine Schulden!" Da fiel der andere vor ihm nieder und bettelte: „Hab noch etwas Geduld, ich will ja alles bezahlen." Aber der Verwalter wollte nicht warten und ließ ihn ins Gefängnis werfen, bis er alles bezahlt hatte.

Als nun die anderen sahen, was sich da ereignet hatte, waren sie empört und berichteten es dem König. Da ließ der König den Verwalter zu sich kommen und sagte: **„Was bist du doch für ein hartherziger Mensch! Deine ganze Schuld habe ich dir erlassen, weil du mich darum gebeten hast. Hättest du da nicht auch mit meinem anderen Verwalter Erbarmen haben können, so wie ich mit dir?"**

Zornig übergab er ihn den Folterknechten. Sie sollten ihn erst dann wieder freilassen, wenn er alle seine Schulden zurückgezahlt hätte.

> „Auf die gleiche Art wird mein Vater im Himmel euch behandeln, wenn ihr euch weigert, eurem Bruder wirklich zu vergeben." (Matth. 18, 21-35)

Die Bibel betont sehr deutlich, wie wichtig Gott Vergebung ist. Viele von uns kennen das eben Geschriebene. Betrachten wir es so, wie es dasteht, würden wir sagen, der König hat richtig gehandelt. Er erlässt einem Diener seine Schuld, und jener Diener geht hin und vergisst sofort, dass ihm die Schulden erlassen wurden. Wir sind wahrscheinlich alle damit einverstanden, dass der König ihn bestraft. Einverstanden, bis wir Vers 35 lesen:

> **„So wird auch mein himmlischer Vater euch behandeln, wenn nicht jeder von euch seinem Bruder von Herzen seine Verfehlungen vergibt."**

Es fällt uns ja so schwer, unseren Mitmenschen von Herzen zu vergeben. Was erwartet der Herr da von uns? Das ist doch unmöglich! Und es geht weiter in Matth.7, 2..:

> „So wie ihr andere verurteilt, werdet auch ihr verurteilt werden. Und mit dem Maßstab, den ihr an andere anlegt, wird man euch selber messen."

Vielleicht klingt das hart, besonders wenn wir schmerzhafte Dinge erleben. Es klingt, als verlange oder erwarte Gott zu viel von uns. Manchmal sind die Wunden frisch und schmerzen sehr, und die Gedanken an das Geschehene gehen nie mehr aus unserem Kopf.

Warum musste das passieren? Warum in meiner Familie? Doch wenn wir die Bibelstelle beleuchten, dann scheint die Aussage richtig und fair. Wir sollen nicht richten, damit wir nicht gerichtet werden. Ist das nicht genau das, was wir eigentlich wollen? Gleichberechtigung. Oder: Was du nicht willst, das man dir tut, das füg´ auch keinem andern zu.

Jesus geht noch weiter und sagt, dass unser Maßstab zu richten darüber entscheidet, wie wir gerichtet werden. Und wenn wir ehrlich sind, legen wir die Messlatte doch ziemlich hoch, oder? **Wie hast du bislang über Menschen gerichtet?**

Hast du gesagt: „Ich hoffe, er erhält seine gerechte Strafe! Dafür soll er büßen!" Oder warst du milde und hast gesagt: „Ich vergebe dir; ich will nicht, dass dies zwischen uns steht." Meiner Meinung nach erwartet Gott hier etwas sehr Faires. Wir haben alle gesündigt, jeder einzelne von uns. Aber Er, der voller Barmherzigkeit und Güte ist, vergibt uns die Sünden.

> „Alle sind Sünder und haben nichts aufzuweisen, was Gott gefallen könnte. Aber was sich keiner verdienen kann, schenkt Gott in seiner Güte: Er nimmt uns an, weil Jesus Christus uns erlöst hat."
> (Röm. 3, 23-24)

Das ist doch wirklich toll – unser Gott gibt uns immer wieder Chancen, egal was wir gemacht haben. Als wir die Erlösung durch Jesus Christus empfangen haben, erhielten wir Vergebung für alles, was wir bislang falsch gemacht hatten. Wenn du also erst mit 50 Jahren dein Leben Jesus übergibst, waren es Sünden aus 50 Jahren, die mit einem Gebet vergeben wurden!

Ein Mörder, der echte Reue zeigt und Busse tut, sich also vom falschen Weg abwendet, erlangt sofort Vergebung. Das ist Gnade pur! Im Überfluss haben wir sie empfangen. Ohne unsere Schuld erst abzuarbeiten. Wir bereuen, es tut uns leid, wir bitten um Vergebung und sofort haben wir sie. Gott sagt nicht, ich möchte erst darüber nachdenken. Er verordnet auch nicht, zuerst eine Strafarbeit. Er predigt nicht. Er erinnert uns nie wieder daran. Er ist der gleiche Vater, der die Erde für uns geschaffen hat.

**Er vergibt, ohne Gegenleistung zu erwarten.**

## Unser Richtgeist

Sollten wir nicht mal darüber nachdenken, wie wir anderen vergeben?

> „Warum siehst du jeden kleinen Splitter im Auge deines Bruders, und bemerkst nicht den Balken in deinem eigenen Auge? Du sagst zu deinem Bruder: **Halt, ich will den Splitter aus deinem Auge ziehen – dabei hast du selbst einen Balken in deinem Auge!**
>
> Du Heuchler, entferne zuerst den Balken aus deinem Auge, danach kannst du klar sehen, um auch den Splitter aus dem Auge deines Bruders zu ziehen." (Matth.7, 3-5)

Was Jesus hier in einer wunderschönen Bildsprache sagt, ist für jeden verständlich. Wie wollen wir anderen helfen, wenn wir selbst sündigen? Wie kommen wir überhaupt dazu, anderen vorzuhalten, was sie falsch machen, wenn wir selbst noch manches zu lernen haben?

Ist es nicht besser, erst mal Gott um Vergebung für uns zu bitten und Busse zu tun, bevor wir ohne Anmaßung dem Bruder oder der Schwester helfen? Denn, wenn uns bewusst wird, dass wir selbst eine riesengroße Portion Vergebung erhalten haben, dann werden wir das gern weitergeben. Aus lauter Freude! Wir würden keinen Splitter mehr aus dem Auge des Bruders ziehen wollen, wir würden es nicht mal merken.

Außerdem müssen wir nicht allein den Balken aus unserem Auge entfernen. Wie auch, aus eigener Kraft können wir es nicht schaffen. Aber wir können damit zu Gott gehen. Wir können die Einladung annehmen, die er uns in Jesaja 1, 18 unterbreitet:

> „Dann lasst uns doch miteinander rechten, spricht der Herr. **Selbst wenn eure Sünde auch blutrot ist, soll sie schneeweiß werden,** und wenn sie rot ist wie Scharlach, soll sie doch weiß wie Wolle werden."

Gott verspricht hier, dass Er uns von allen Spuren der Sünde reinigen wird, wenn wir zu Ihm kommen und mit Ihm „rechten". Rechten bedeutet, sich auseinandersetzen, es bedeutet, dass beide sagen können, was sie für wichtig halten. Wir dürfen Gott erzählen, weshalb wir gekränkt sind, weshalb wir unversöhnlich bleiben und an Hass, Rachegelüsten oder Bitterkeit festhalten.

Wir dürfen um Vergebung bitten. Wir dürfen sie empfangen, annehmen und anwenden, damit wir wieder rein sind. Damit wir den Splitter aus dem Auge des Bruders durch Vergebung entfernen können, damit auch er in Freiheit weiterleben kann. Unsere Vergebung ist teuer erkauft, wir dürfen in höchstem

Grade Vergebung erleben. Jesus gab sein Leben, damit wir rein gewaschen vor Gott stehen können. Wenn wir uns jedesmal daran erinnern, dann können wir auch leicht vergeben.

Ein anderer Bibeltext erläutert ganz genau, was passiert, wenn wir nicht vergeben:

> „Darum sollt ihr beten: Unser Vater im Himmel, Dein Name werde geheiligt. Dein Reich komme. Dein Wille geschehe wie im Himmel, so auf Erden. Unser tägliches Brot gib uns heute. **Und vergib uns unsere Schuld, wie auch wir vergeben unseren Schuldigern.** Und führe uns nicht in Versuchung, sondern erlöse uns von dem Bösen. Denn dein ist das Reich und die Kraft und die Herrlichkeit in Ewigkeit, Amen.
>
> Denn wenn ihr den Menschen ihre Verfehlungen vergebt, so wird euer himmlischer Vater auch euch vergeben. Wenn ihr aber den Menschen nicht vergebt, so wird euch auch euer himmlischer Vater eure Verfehlungen nicht vergeben." (Matth. 6, 9-13)

Es ist für viele Menschen schwer nachvollziehbar, dass ein gerechter Gott erwartet, dass wir Ungerechtigkeiten vergeben. Wir empfinden es als ungerecht, wenn jemand damit, dass er etwas Unrechtes getan hat, „davonkommt".

Manchmal hoffen wir sogar, dass wir den Fall dieser Person miterleben dürfen. Und dennoch sagt der überaus gerechte Gott: Wenn du nicht vergibst, kann ich dir auch nicht vergeben.

Jesus Christus hat für alle Sünden von allen Menschen aus allen Nationen weltweit bezahlt. Wenn wir nicht vergeben, sagen wir praktisch: Das Blut reichte nicht aus. Es muss noch mehr Blut vergossen werden, um all das zu sühnen." Gott der Vater will, dass wir einander vergeben und in Liebe miteinander umgehen.

> **„Vor allem aber habt innige Liebe untereinander; denn die Liebe wird eine Menge Sünden zudecken."** (1. Petrus 4, 8)

Ist es nicht das, wonach wir uns insgeheim sehnen? Dass alle Sünden vergeben werden – zumindest die, die wir begangen haben? Dann können wir nachvollziehen, wenn Freunde, Familie, Schulkameraden und gar Feinde sich von uns Vergebung erhoffen.

Wir tragen sowieso schwer an der Last unserer Sünden. Wie schön ist es dann, wenn wir in inniger Liebe einander vergeben und zurecht helfen. Gott möchte, dass wir in Freiheit und Frieden leben. In uns selbst, mit uns selbst und miteinander. Gott will das Gefühl aus uns entfernen, etwas falsch gemacht zu haben und schuldig zu sein. Die Frage ist, ob wir das zulassen.

Seit Beginn aller Zeiten ist Gott ein liebender Gott, und ich bin froh darüber, dass er sich nicht verändert hat.

> „Denn ich, der Herr, verändere mich nicht."
> (Maleachi 3, 6)

Ich bin auch froh darüber, dass Gott nicht lügt.

„Gott ist nicht ein Mensch, dass er lüge, noch dass ihn etwas gereuen würde. Was er gesagt hat, sollte er es nicht tun? Was er geredet hat, sollte er es nicht ausführen?" (4. Mose 23,16)

Der Herr ändert auch nicht seine Meinung. Ich möchte nun kurz zusammenfassen: Für uns Menschen ist es sehr schwer zu vergeben. Wir möchten am liebsten, dass jeder sofort die gerechte Strafe erhält. Aber Gott will lieber vergeben. Wenn du vergeben willst, wird Gott dir dabei helfen. Es ist nicht unmöglich.

## Wie Gott vergibt

Alle, die mich kennen, wissen, dass ich es liebe, alles direkt mit Gottes geschriebenem Wort zu belegen. Ich bitte euch, über die Verse nachzudenken und Gott zu erlauben, durch seine Wahrheit eure Gesinnung zu erneuern.

„Er handelt nicht mit uns nach unsern Sünden und vergilt uns nicht nach unseren Missetaten. Denn so hoch der Himmel über der Erde ist, so groß ist seine Gnade über denen, die ihn fürchten; so fern der Osten ist vom Westen, lässt er unsere Übertretungen von uns sein.

Wie sich ein Vater über Kinder erbarmt, so erbarmt sich der Herr über die, welche ihn fürchten; denn er weiß, was für Gebilde wir sind; er denkt daran, dass wir Staub sind." (Psalm 103, 10-14)

Gott hat uns nicht die Strafen auferlegt, die wir verdient hätten. Im Gegenteil, er hat unsere Sünden von uns genommen.

> „Er wird sich wieder über uns erbarmen, alle unsere Sünden zertreten und unsre Sünden ins tiefe Meer werfen." (Micha 7, 19)

Er ist voller Gnade zu uns, wie ein Vater zu seinen Kindern. Wieso? Weil Er weiß, wie wir sind. Daran denkt Er, wenn Er uns wieder und wieder in Liebe und Gnade begegnet.

> „Denn die Sünde wird mit dem Tod bezahlt; Gott aber schenkt uns in der Gemeinschaft mit Jesus Christus, unserem Herrn, ewiges Leben." (Römer 6, 23)

Für die Sünden, die wir begangen haben, hätten wir sterben müssen. Doch Gott ist reich an Gnade und entscheidet sich freiwillig dafür, uns das ewige Leben zu geben. Nachdem wir ein so großes Geschenk empfangen haben, können wir doch auch vergeben, oder? Es wird Zeit, dass wir uns das bewusst machen. Es wird auch Zeit, dass wir lernen, es weiterzugeben.

Gott vergibt nicht nur unsere Sünden, Er vergisst sie auch noch! Das bedeutet, Er kann nie mehr an sie denken, denn Er hat sie vergessen. Er will auch nicht an sie denken. Denn Gott ist nicht nachtragend. Wenn wir das nur begreifen, annehmen und dann umsetzen könnten!

> „Doch er wurde um unserer Übertretungen willen durchbohrt, wegen unserer Missetaten zerschlagen; die Strafe lag auf ihm, damit wir Frieden hätten, durch seine Wunden sind wir geheilt worden." Jesaja 53,5

Gott wollte, dass wir in Frieden leben, aus diesem Grund sandte er Jesus. Er hat für unsere Sünden gelitten, damit wir nicht mehr leiden müssen. Jesus nahm die Strafe auf sich, damit wir frei sein können.

## Sühne im Alten Testament

Im Alten Testament, im Mosaischen Gesetz, geschah Vergebung nicht so leicht. Richter waren eingesetzt, um Streit zu schlichten. Es galt *Auge um Auge, Zahn um Zahn*. Wenn dein Nachbar dir eine Ohrfeige verpasst hatte, solltest du zurückschlagen. Hattest du etwas gestohlen, musstest du es teilweise fünffach zurückerstatten. Außerdem gab es Tieropfer, Blutopfer, z. B. in 3. Mos. 5, 25 und 26:

> „Für seine Schuld soll er dem Herrn einen Widder ohne Fehler bringen, zum Priester, als Schuldopfer. Und der Priester soll für ihn Sühnung erwirken vor dem Herrn; und es wird ihm vergeben werden, was er getan hat und womit er sich schuldig gemacht hat."

Es gab viele Gesetze. Sie alle zu kennen zu lernen und zu achten, nahm viel Zeit in Anspruch. Ausschließlich der Priester konnte Sühnung für Sünder erwirken. Sie konnten nicht selbst das Opfertier schlachten, wenn es um ein Schuldopfer ging, der Priester musste es tun!

Heute brauchen wir nur von Herzen zu beten und es bereuen. Wir können bei einem Priester oder Pastor beichten, wenn wir möchten, aber es ist keine Pflicht mehr. Damals war es ausschließlich Sache der Priester. In 1. Samuel 13, 8-13 wartet König Saul auf Samuel, der als Prophet, Richter und Priester das Opfer darbringen sollte. Nachdem er sieben Tage gewartet hatte, gab er das Warten auf und bereitete das Opfer eigenhändig zu. Er war doch König über Israel, er war doch auch ein Gesalbter!

> „Er wartete dort sieben Tage auf Samuel wie vereinbart, aber Samuel kam nicht nach Gilgal. Als Saul merkte, dass seine Krieger begannen, ihm davonzulaufen, verlangte er: Bringt mir das Brandopfer und die Friedensopfer! Und er selbst brachte das Brandopfer dar.
>
> Kaum hatte er die Opferhandlung vollzogen, traf Samuel ein. Saul ging ihm entgegen und begrüßte ihn. Samuel aber sprach: Was hast du getan? Saul antwortete: Ich musste mit ansehen, wie mir die Männer davonliefen, und du bist nicht zum vereinbarten Zeitpunkt erschienen, während die Philister schon in Michmas bereitstanden.
>
> Da habe ich mir gesagt: die Philister wollen mich in Gilgal angreifen, und ich habe noch nicht einmal den Herrn um Hilfe gebeten. So sah ich mich gezwungen, das Brandopfer selbst darzubringen. Samuel aber sprach zu Saul: Du hast töricht gehandelt! Du hast das Gebot des Herrn, deines Gottes, nicht befolgt."

Ja, er war zwar gesalbt, aber kein Priester. Das Gesetz sah es so. Der Hohepriester musste sogar einmal im Jahr ins Allerheiligste gehen und für das ganze Volk Sühnung erwirken.

„Aber einmal im Jahr soll Aaron den Altar reinigen, indem er etwas Blut vom Opfertier an die Hörner des Altars streicht. Jedes Jahr soll der Altar so gereinigt werden, von Generation zu Generation, denn er ist besonders heilig." (2. Mos. 30, 10)

Für den Priester war das geradezu lebensgefährlich. Er durfte als Einziger in das Allerheiligste hineingehen. Einmal jährlich sollte er es genau nach Vorschrift tun. Wer es genau wissen will, lese auf den folgenden Seiten nach, was in 3. Mose 16 über den großen Versöhnungstag und die Bestimmungen steht, die zur Sühnung von Moses vorgeschrieben waren.

## Der große Versöhnungstag

„Und der Herr redete zu Mose nach dem Tod der beiden Söhne Aarons, als sie vor den Herrn traten und daraufhin starben. Und der Herr sprach zu Mose: Sage deinem Bruder Aaron, dass er nicht zu allen Zeiten in das Heiligtum hineingehen soll, hinter den Vorhang, vor den Sühnedeckel, der auf der Lade ist, damit er nicht stirbt; denn ich will auf dem Sühnedeckel in einer Wolke erscheinen.

Auf diese Weise soll Aaron in das Heiligtum hineingehen: mit einem jungen Stier als Sündopfer und mit einem Widder als Brandopfer; und er soll den heiligen leinenen Leibrock anziehen und soll ein leinenes Unterkleid an seinem Fleisch haben und sich mit einem leinenen Gürtel gürten und einen leinenen Kopfbund umbinden, denn das sind die heiligen Kleider; und er soll sein Fleisch im Wasser baden und sie anziehen.

Dann soll er von der Gemeinde der Kinder Israels zwei Ziegenböcke nehmen als Sündopfer und einen Widder als Brandopfer. Und Aaron soll den Jungstier als Sündopfer für sich selbst herzubringen und Sühnung erwirken für sich und sein Haus. Danach soll er die beiden Böcke nehmen und sie vor den Herrn stellen, an den Eingang der Stiftshütte.

Und Aaron soll Lose werfen über die beiden Böcke, ein Los »für den Herrn« und ein Los »für die Verwendung als Sündenbock«. Und Aaron soll den Bock herzubringen, auf den das Los »für den Herrn« fiel, und ihn als Sündopfer opfern. Aber den Bock, auf den das Los »für die Verwendung als Sündenbock« fiel, soll er lebendig vor den Herrn stellen, um über ihm die Sühnung zu erwirken und ihn als Sündenbock in die Wüste fortzuschicken.

Und Aaron bringe den Jungstier des Sündopfers herzu, das für ihn selbst bestimmt ist, und erwirke Sühnung für sich und sein Haus; und er schächte den Jungstier des Sündopfers, das für ihn selbst bestimmt ist. Danach nehme er die Pfanne voll Feuerkohlen von dem Altar, der vor dem Herrn steht, und seine beiden Hände voll wohlriechenden zerstoßenen Räucherwerks und bringe es hinein hinter den Vorhang; und er lege das Räucherwerk auf das Feuer vor dem Herrn, damit die Wolke des Räucherwerks den Sühnedeckel verhüllt, der auf dem Zeugnis ist, und er nicht stirbt. Er soll auch von dem Blut des Jungstieres nehmen und es mit seinem Finger gegen den Sühnedeckel sprengen, nach

Osten zu. Siebenmal soll er so vor dem Sühnedeckel mit seinem Finger von dem Blut sprengen.

Danach soll er den Bock des Sündopfers, das für das Volk bestimmt ist, schächten und sein Blut hineinbringen hinter den Vorhang, und er soll mit dessen Blut tun, wie er mit dem Blut des Jungstiers getan hat, und er soll es auf den Sühnedeckel und vor den Sühnedeckel sprengen. So soll er Sühnung erwirken für das Heiligtum wegen der Unreinheiten der Kinder Israels und wegen ihrer Übertretungen und aller ihrer Sünden, und er soll dasselbe tun mit der Stiftshütte, die sich mitten unter ihren Unreinheiten befindet.

Und kein Mensch soll in der Stiftshütte sein, wenn er hineingeht, um Sühnung zu erwirken im Heiligtum, bis er wieder hinausgeht. Und so soll er Sühnung erwirken für sich und sein Haus und die ganze Gemeinde Israels. Und er soll mit dessen Blut tun, wie er mit dem Blut des Jungstiers getan hat, und er soll es auf den Sühnedeckel und vor den Sühnedeckel sprengen.

So soll er Sühnung erwirken für das Heiligtum wegen der Unreinheiten der Kinder Israels und wegen ihrer Übertretungen und aller ihrer Sünden, und er soll dasselbe tun mit der Stiftshütte, die sich mitten unter ihren Unreinheiten befindet. Und kein Mensch soll in der Stiftshütte sein, wenn er hineingeht, um die Sühnung zu erwirken im Heiligtum, bis er wieder hinausgeht.

Und so soll er Sühnung erwirken für sich und sein Haus und die ganze Gemeinde Israels. Und er soll hinausgehen zu dem Altar, der vor dem Herrn steht, und für ihn Sühnung erwirken. Und er soll von dem Blut des Jungstieres und von dem Blut des Bockes nehmen und auf die Hörner des Altars tun, ringsum, und er soll mit seinem Finger von dem Blut siebenmal darauf sprengen und ihn reinigen und heiligen von der Unreinheit der Kinder Israels.

Und wenn er die Sühnung vollendet hat für das Heiligtum und die Stiftshütte und den Altar, so soll er den lebendigen Bock herzubringen. Und Aaron soll seine beiden Hände auf den Kopf des lebendigen Bockes stützen und über ihm alle Schuld der Kinder Israels und alle ihre Übertretungen in allen ihren Sünden bekennen, und er soll sie dem Bock auf den Kopf legen und ihn durch einen Mann, der bereitsteht, in die Wüste fortschicken. Und der Bock soll alle ihre Schuld, die auf ihm liegt, in ein abgeschiedenes Land tragen; und er schicke den Bock in die Wüste.

Und Aaron soll in die Stiftshütte gehen und die leinenen Kleider ausziehen, die er anzog, als er in das Heiligtum ging, und soll sie dort lassen; und er soll sein Fleisch im Wasser baden an heiliger Stätte und seine eigenen Kleider anziehen und hinausgehen und sein Brandopfer und das Brandopfer des Volkes opfern und Sühnung erwirken für sich und das Volk. Und das Fett des Sündopfers soll er auf dem Altar in Rauch aufgehen lassen. Der aber, welcher den Bock als Sündenbock fortgesandt hat, soll seine Kleider waschen und seinen Leib im Wasser baden, und danach kann er in das Lager kommen.

Den Jungstier des Sündopfers aber und den Bock des Sündopfers, deren Blut zur Sühnung in das Heiligtum gebracht worden ist, soll man hinaus vor das Lager schaffen und mit Feuer verbrennen, ihre Haut und ihr Fleisch und ihren Unrat. Und der sie verbrannt hat, wasche seine Kleider und bade seinen Leib im Wasser, und danach kann er in das Lager kommen. Und das soll eine ewig gültige Ordnung für euch sein:

Am zehnten Tag des siebten Monats sollt ihr eure Seelen demütigen und kein Werk tun, weder der Einheimische noch der Fremdling, der in eurer Mitte wohnt. Denn an diesem Tag wird für euch Sühnung erwirkt, um euch zu reinigen; von allen euren Sünden sollt ihr gereinigt werden vor dem Herrn. Darum soll es euch ein Sabbat der Ruhe sein, und ihr sollt eure Seelen demütigen; das soll eine ewige Ordnung sein.

Und die Sühnung soll ein Priester vollziehen, den man gesalbt und dessen Hand man gefüllt hat, damit er an Stelle seines Vaters als Priester dient; und er soll die leinenen Kleider anziehen, die heiligen Kleider, und er soll Sühnung erwirken für das Allerheiligste und die Stiftshütte, und für den Altar soll er Sühnung tun; auch für die Priester und für die ganze Volksgemeinde soll er Sühnung erwirken. Das soll euch eine ewige Ordnung sein, dass ihr für die Kinder Israels einmal im Jahr Sühnung erwirkt wegen aller ihrer Sünden! Und man machte es so, wie der Herr es Mose geboten hatte."

Erstens wäre es für mich sehr schwer, wenn ich wüsste, dass ich die ganzen Sünden ein Jahr lang mit mir rumschleppen müsste. Zweitens weiß ich nicht, ob ich mich an diesem Tag an alle Sünden erinnern würde. Und wie bereits erwähnt war es für den Priester lebensgefährlich.

Er sollte ja zuerst für sich und seine Familie einen Sündopfer darbringen und danach ein Opfer für das Volk. Der Priester war allein hinter einem Vorhang inmitten von Gottes Gegenwart. Wenn er etwas nicht richtig gemacht hatte, starb er. Damals bestand das priesterliche Gewand aus vielen Teilen.
In 2. Mose 28,33 und 34 lesen wir:

> „Und [unten], an seinem Saum, sollst du ringsum Granatäpfel anbringen aus blauem und rotem Purpur und Karmesin, und ringsum goldene Schellen zwischen ihnen; 34 es soll eine goldene Schelle sein, danach ein Granatapfel, und wieder eine goldene Schelle, danach ein Granatapfel, ringsum an dem Saum des Obergewandes. 35 Und Aaron soll es tragen, wenn er dient, und sein Klang soll gehört werden, wenn er in das Heiligtum hineingeht vor den Herrn und wenn er hinausgeht, damit er nicht stirbt."

Dort ging der Hohe Priester einmal im Jahr in das Allerheiligste, von oben bis unten beladen mit den Sünden des Volkes. Man band ihm ein Seil um seine Hüfte und alle warteten. Solange sie die Glöckchen hörten, wussten sie, dass alles gut läuft und der Priester noch am Leben war.

Wenn die Glöckchen aber aufhörten zu läuten, war zu vermuten, dass er gestorben war. In diesem Fall zog man seinen Körper mit dem Seil heraus. Ich persönlich kann nur sagen, dass ich froh bin, nicht unter dem alten Bund und Gesetz Priester gewesen zu sein. Stellt euch diese Angst vor! Und auch die Möglichkeit, nicht zu überleben. Warum war das nötig?

> „... und fast alles wird nach dem Gesetz mit Blut gereinigt, **ohne Blutvergießen geschieht keine Vergebung.**" (Hebr. 9, 22)

Blut musste also fließen, damit Vergebung geschah. Als Jesus im Neuen Testament in Matthäus 21, 12-13 die Verkäufer und Geldwechsler aus dem Tempel trieb, was haben sie da verkauft?

## Die Tempelreinigung

> „Dann ging Jesus in den Tempel, jagte alle Händler und Käufer hinaus, stieß die Tische der Geldwechsler und die Stühle der Taubenverkäufer um und rief:
>
> „Ihr wisst doch, was Gott in der Heiligen Schrift sagt: „**Mein Haus soll ein Ort des Gebets sein.** Ihr aber habt eine Räuberhöhle daraus gemacht!"

Im Tempel wurden Tauben, Ochsen, Schafe usw. verkauft, damit Menschen ihre Tiere vom Priester schächten und schlachten lassen konnten, um Vergebung für ihre Sünden zu erhalten. So wurde Geld damit verdient, dass Menschen Vergebung erlangen wollten.

Wie viel würdest du für Vergebung und das Gefühl der Freiheit bezahlen? Wie weit würdest du reisen, um die frohe Botschaft „Dir ist vergeben" zu hören? Obendrein war es

Gesetz! Wenn also ohne Blutvergießen keine Vergebung geschieht, warum schlachten wir heute nicht mehr Tiere in der Gemeinde als Sühnopfer?

„**Seit Christus gilt diese neue Ordnung.** Er ist der Hohepriester, durch den sich Gottes Zusagen an uns erfüllt haben. Seinen Dienst verrichtet er in einem Heiligtum – größer und vollkommener als jedes andere, das Menschen je betraten. Dieses Heiligtum ist nicht von Menschenhand errichtet, es gehört nicht zu dieser Welt.

Christus opferte auch nicht das Blut von Böcken und Kälbern für unsere Sünden. Vielmehr opferte er im Allerheiligsten sein eigenes Blut, ein für allemal. Damit hat er uns für immer und ewig von unserer Schuld vor Gott befreit. Schon nach den Regeln des Alten Bundes wurde jeder, der nach den religiösen Vorschriften unrein geworden war, wieder äußerlich rein, wenn er mit dem Blut von Böcken und Stieren oder mit der Asche einer geopferten Kuh besprengt wurde. **Wie viel mehr wird das Blut Jesu Christi uns innerlich erneuern und von unseren Sünden reinwaschen!**

Erfüllt von Gottes ewigem Geist, hat er sich selbst für uns als fehlerloses Opfer Gott dargebracht. Darum sind unsere Sünden vergeben, die letztlich nur zum Tod führen, und unser Gewissen ist gereinigt. Jetzt sind wir frei, dem lebendigen Gott zu dienen." (Hebräer 9, 11-14)

## Was bedeutet Jesu Opfer?

Was bedeutet es für mich und für dich?

„So hat Christus einen Neuen Bund zwischen Gott und den Menschen errichtet. **Er starb, damit die Sünden aufgehoben werden,** die unter dem Alten Bund geschehen sind. Nun können alle, die Gott berufen hat, das von Gott zugesagte unvergängliche Erbe empfangen, das ewige Leben bei Gott." Beim Neuen Bund ist es wie bei einem Testament: es wird erst eröffnet, wenn der Tod seines Verfassers nachgewiesen ist. Solange er lebt, ist es ohne Rechtskraft.

Erst durch seinen Tod wird es gültig. So wurde auch der Alte Bund erst rechtskräftig, nachdem er mit Blut besiegelt war. Als Mose dem Volk Israel alle Gebote des Gesetzes mitgeteilt hatte, nahm er das Blut von Kälbern und Böcken, vermengte es mit Wasser, tauchte Ysopzweige ein und besprengte mit ihnen und roter Wolle das Gesetzbuch und das ganze Volk. Dann sagte er: „Dieses Blut besiegelt den Bund, den Gott mit euch geschlossen hat." (Hebr. 9, 15-20)

Gott hat also dafür gesorgt, dass wir nicht mehr die Last unserer Sünden spüren müssen. Wir brauchen keinen Mittler mehr. Wir dürfen direkt zu Gott in das Allerheiligste gehen und brauchen nichts außer uns selbst betend mit hineinnehmen. Jesus starb, damit wir Vergebung empfangen können – kostenlos und ohne uns zu mühen. Wenn wir die Größe dieses Geschenks erkennen, dann können wir auch einander vergeben.

> „... ertraget einander und seid bereit, einander zu vergeben, selbst wenn ihr glaubt, im Recht zu sein. Denn auch Christus hat euch vergeben."
> (Kol. 3, 13)

Wenn wir nur das tun, was Christus, unser Vorbild und unsere Hoffnung, auch getan hat, dann werden wir es schaffen zu lernen, wie man vergibt, ohne sich an das zu erinnern, was uns angetan wurde. Wir geben das kostenlos empfangene Geschenk weiter.

## Vergeben wie Jesus

> „Als Jesus auf dem Weg nach Jerusalem war, wollte ihn keiner aufnehmen. Seine Jünger Jakobus und Johannes hörten das und waren empört: ‚Herr, das brauchst du dir nicht gefallen zu lassen. Wenn du willst, lassen wir Feuer vom Himmel fallen wie damals Elia, damit sie alle verbrennen.' Doch Jesus wies sie scharf zurecht, und sie gingen in ein anderes Dorf." (Lukas 9, 51-56)

Wir Christen können so viel von Jesus lernen! Jesus hätte das ganze Dorf auslöschen können mit einem einzigen Wort oder einer Handbewegung. Am Anfang des Buches sahen wir, dass Jesus alle Macht gegeben war im Himmel und auf Erden. Und hier sagt Jesus: Ich will retten und nicht verderben. Er will Körper, Geist und Seele retten und befreien.

Wir Christen aber sind schnell bereit, Verdammnis über die Menschen zu rufen, die die Botschaft nicht so aufnehmen, wie wir es gern hätten. Die Jünger wollten sofort das ganze Dorf vom Feuer auslöschen lassen. Vielleicht fällt es ihnen deshalb leicht, weil sie nicht die einzelnen Menschen dort kennen oder weil die Samariter so wieso gemäß dem damaligen Gesetz Heiden waren. Aber Gott kennt jeden Einzelnen persönlich. Er sagt in Jes. 43, 1:

> **„Ich habe dich bei deinem Namen gerufen, du bist mein."** (Jes. 43, 1)

Wir sind Gott nicht egal, Er will alles tun, um zu verhindern, dass wir verlorengehen:

> „Wenn du durchs Wasser gehst, so will ich bei dir sein, und wenn du durch Ströme gehst, sollen sie dich nicht ersäufen. Wenn du durchs Feuer gehst, sollst du nicht versengt werden, und die Flamme soll dich nicht verbrennen." (Jes. 43, 2)

Ich liebe diesen Vers. Der Herr wird uns begleiten, egal was passiert, egal wohin wir gehen.

> **„Mit ewiger Liebe habe ich dich geliebt; darum habe ich dich zu mir gezogen aus lauter Güte."** (Jeremia 31, 3b)

Wenn es etwas gibt, das wir auf dieser Erde nicht verändern können, dann ist es Gottes Liebe für uns. Sie wird nie aufhören und sie wird nie weniger werden. Halleluja!

> Römer 8,28-39: „Das eine aber wissen wir: **Wer Gott liebt, dem dient alles, was geschieht, zum Guten.** Dies gilt für alle, die Gott nach seinem Plan und Willen zum neuen Leben erwählt hat. Wen

Gott nämlich auserwählt hat, der ist nach seinem Willen auch dazu bestimmt, seinem Sohn ähnlich zu werden, damit dieser der Erste ist unter vielen Brüdern und Schwestern.

Und wen Gott dafür bestimmt, den hat er auch in seine Gemeinschaft berufen; wen er aber berufen hat, den hat er auch von seiner Schuld befreit. Und wen er von seiner Schuld befreit hat, der hat schon im Glauben Anteil an seiner Herrlichkeit.

Kann man wirklich noch mehr erwarten? **Wenn Gott für uns ist, wer kann dann gegen uns sein?** Gott hat seinen eigenen Sohn nicht verschont, sondern für uns alle dem Tod ausgeliefert. Sollte er uns da noch etwas vorenthalten?

**Wer könnte es wagen, die von Gott Auserwählten anzuklagen?** Niemand, denn Gott selbst hat sie von aller Schuld freigesprochen. Wer wollte es wagen, sie zu verurteilen? Keiner, denn Christus ist für sie gestorben, ja noch mehr: Er ist vom Tod auferweckt worden und hat seinen Platz an Gottes rechter Seite eingenommen. Dort tritt er jetzt vor Gott für uns ein.

Was könnte uns also von Gott und seiner Liebe trennen? Leiden und Angst vielleicht? Verfolgung? Hunger? Armut? Gefahr oder gewaltsamer Tod? Man geht wirklich mit uns um, wie es schon in der Heiligen Schrift beschrieben wird: „Weil wir zu dir, Herr, gehören, werden wir überall verfolgt und getötet werden, wie Schafe werden wir geschlachtet!

Aber dennoch: Mitten im Leid triumphieren wir über alles durch die Verbindung mit Christus, der uns so geliebt hat. Denn ich bin gewiss: Weder Tod noch Leben, weder Engel noch Dämonen, weder Gegenwärtiges noch Zukünftiges, noch irgendwelche Gewalten, weder Hohes noch Tiefes **oder sonst irgendetwas können uns von der Liebe Gottes trennen, die er uns in Jesus Christus, unserem Herrn schenkt.**"

Diese Tatsachen aus Gottes Wort dürfen wir annehmen und zu Gewissheit werden lassen. Nichts und niemand kann uns von der Liebe Gottes trennen. Aus diesem Grund tut Gott alles, damit wir gerettet werden, ein gutes Leben haben und Vergebung und Frieden empfangen.

Das ist es, was Gott will: Er will, dass wir Frieden und Liebe spüren. Das kann uns niemand wegnehmen. Jesus will, dass allen Menschen vergeben wird. Deshalb nimmt Er sich Zeit für Gespräche mit den Menschen, die sich nach Vergebung und Heilung sehnen. Überall wo Jesus hinging, folgte ihm eine große Menschengruppe. Denn das, was Jesus zu bieten hatte, war einzigartig: Heilung, gute Verkündigung, Befreiung von Dämonen, aber auch Vergebung. Es war Vieles nötig, um Vergebung zu erlangen. Im Alten Testament gab es ein Opfer nach dem anderen, und dann war man sich immer noch nicht der Vergebung sicher.

## Wie Jesus heilt

„Und Jesus zog umher in ganz Gallläa, lehrte in ihren Synagogen und predigte das Evangelium vom Reich Gottes. Er heilte alle Krankheiten und

Gebrechen des Volks. Und die Kunde von ihm erscholl in ganz Syrien.

Sie brachten alle Kranken zu ihm, die mit allerlei Leiden und Plagen behaftet waren, Besessene, Mondsüchtige und Gelähmte, **und er machte sie gesund.** Eine große Menschenmenge aus ganz Galliläa folgte ihm aus den zehn Städten, aus Jerusalem, Judäa und von jenseits des Jordan." (Matth. 4, 23-25)

In vielen weiteren Bibelstellen lesen wir, dass Jesus umringt war von Menschen. Er vollbrachte Wunder für große Menschenscharen (Speisung der 5000 in Matth. 14, 13 ff). **Seine Reden und Taten versetzten sie in Staunen.** Einmal erzählt uns die Bibel, dass vier Männer, die ihrem gelähmten Freund helfen wollen, zu Jesus zu kommen, das Dach eines Gebäudes abdecken und ihn auf seiner Bahre hinunterlassen, weil die Menschenmassen zu dicht sind.

„Nach einigen Tagen kehrte Jesus nach Kapernaum zurück. Es sprach sich schnell herum, dass er wieder im Haus des Simon war. Viele Menschen strömten zusammen, so dass nicht einmal mehr vor der Tür Platz war. Ihnen allen verkündete Jesus Gottes Botschaft.

Da kamen vier Männer, die einen Gelähmten trugen. Weil sie wegen der vielen Menschen nicht bis zu Jesus kommen konnten, deckten sie über ihm das Dach ab. Durch diese Öffnung ließen sie den Gelähmten auf seiner Trage hinunter. **Als Jesus ihren**

**festen Glauben sah, sagte er zu dem Gelähmten: ‚Mein Sohn, deine Sünden sind dir vergeben!'**

Aber einige der anwesenden Schriftgelehrten dachten: ‚Das ist Gotteslästerung! Was bildet der sich ein! Nur Gott allein kann Sünden vergeben.' Jesus durchschaute sie und fragte: ‚Wie könnt ihr nur so etwas denken? Ist es leichter zu sagen ‚Dir sind deine Sünden vergeben' oder diesen Gelähmten zu heilen? Aber ich will euch zeigen, dass der Menschensohn die Macht hat, hier auf der Erde Sünden zu vergeben.' Und er forderte den Gelähmten auf: ‚**Steh auf, nimm deine Trage und geh nach Hause.'**

Da stand der Mann auf, nahm seine Trage und ging vor aller Augen hinaus. Fassungslos sahen ihm die Menschen nach und riefen: ‚So etwas haben wir noch nie erlebt!' Und alle lobten Gott." (Markus 2, 1-12)

Obwohl Jesus hier eine ganze Gruppe von Menschen zum Staunen bringt, gilt seine Aufmerksamkeit einem einzelnen Mann, der seit Jahren gelähmt ist. In Vers 5 spricht er ihn liebevoll als „mein Sohn" an und gibt ihm die frohe Botschaft: Deine Sünden sind dir vergeben.

Wie schön muss das für diesen Mann gewesen sein! Natürlich gefiel das so manchem Anwesenden nicht, insbesondere den Schriftgelehrten. Sie meinten, es doch besser zu wissen, sie kannten das Gesetz ja fast auswendig. Doch hatten sie wohl nie eine Begegnung mit dem *Rhema*, dem lebendigen Wort

Gottes gehabt. Sie begriffen nicht, wie einfach Vergebung sein kann; sie dachten, man muss doch mindestens ein Kalb schlachten oder zwei Tauben. **Wer ist dieser Mann, der einfach sagt: deine Sünden sind dir vergeben?**

Es gibt Menschen, die denken, es ist einfacher, Gesetze einzuhalten als das anzunehmen, was Gott uns gratis schenkt. Jesus aber wusste, was sie in ihren Herzen dachten. Er sprach sie direkt und persönlich an, sicher auch mit Liebe in seiner Stimme. Der Gelähmte wird geheilt. Er hat Jesu Geschenk vertrauend angenommen: „Mein Sohn, ich vergebe dir. Du bist frei. Steh auf und geh nach Hause."

An einem anderen Beispiel wird deutlich, dass Jesus unser Schicksal nicht egal ist, Er versteht uns:

### Jesus und die Ehebrecherin

„Jesus aber ging an den Ölberg. Und früh am Morgen kam er wieder in den Tempel, und alles Volk kam zu ihm: und er setzte sich und lehrte sie. Da brachten die Schriftgelehrten und Pharisäer eine Frau zu ihm, die beim Ehebruch ertappt worden war, stellten sie in die Mitte und sprachen: Meister, diese Frau ist während der Tat beim Ehebruch ergriffen worden. Das Gesetz des Moses gebietet uns, sie zu steinigen. Was sagst du dazu?

Das sagten sie aber, um ihn zu versuchen, damit sie ihn anklagen könnten. Jesus aber bückte sich nieder und schrieb mit dem Finger in den Sand. Als sie nun fortfuhren, ihn zu fragen, richtete er sich auf und sprach zu ihnen: **Wer unter euch**

**ohne Sünde ist, der werfe den ersten Stein.** Und er bückte sich wieder nieder und schrieb weiter in den Sand.

Als sie das hören, gingen sie – von ihrem Gewissen überführt – einer nach dem anderen hinaus, angefangen von den Ältesten bis zu den Geringsten; und Jesus blieb allein mit der Frau in der Mitte stehen. Da richtete er sich auf, und als er niemanden mehr sah, sprach er zu der Frau: Frau, wo sind sie, deine Ankläger? Hat dich niemand verurteilt? Sie sprach: Niemand, Herr. Jesus sprach zu ihr: So verurteile ich dich auch nicht. **Geh hin und sündige nicht mehr!**" (Joh. 8, 1-11)

Wiederum ist Jesus umringt von einer Gruppe von Menschen. Wieder kommen die Pharisäer und Schriftgelehrten, um ihn zu testen. Wie schrecklich muss dieser Vorfall für die Frau gewesen sein! Das ganze Volk ist versammelt, sie wird vorgeführt, ihre Sünden offengelegt. Stell dir das mal vor: Deine Sünde wird offengelegt vor allen Menschen, die du kennst, den Nachbarn, Eltern, deinen Kindern, Freunden, dem Verkäufer beim Bäcker um die Ecke, dem Kellner deines Lieblingsrestaurants – und sie hören nicht nur zu, sie wollen dich auch verurteilen!

Diese Frau steht da, sie kennt das Gesetz und rechnet damit, gleich zu Tode gesteinigt zu werden. Sie hat Angst und schämt sich so sehr, dass sie keinem der Anwesenden in die Augen sehen kann. Aber einer tritt für sie ein. Einer hat den Mut, alle anzuschauen und zu sagen: „Nur zu. Wer noch nie gesündigt hat, der werfe den ersten Stein." Und er wartet.

Vorher hat ihn das ganze Volk umringt. Nun steht er zuletzt allein mit der Frau da. **Denn jeder sündigt; jeder macht Fehler.** Also kann auch keiner mit reinem Gewissen einen Stein werfen. Jeder, der möchte, kann von Jesus Vergebung erhalten. Und unser bester Freund, Jesus von Nazareth, blickt sie liebevoll an und sagt: „Wenn sie dich nicht anklagen, tue ich es auch nicht. Gehe jetzt und sündige nicht mehr."

Er hält kein Kreuzverhör ab. Er will nicht erst hören, wie das mit dem Ehebruch gelaufen war. Er vergibt ihr einfach so. Sie erhält Vergebung und ihr Leben obendrein! Wäre Jesus nicht für sie eingetreten, hätte man sie gesteinigt! Jesus hat ihre Schuld, ihre Last, ihre Schmach weggenommen, sie ist frei. **Vergebung zu empfangen macht frei. Anderen zu vergeben macht auch frei.**

## Die Frau am Jakobsbrunnen

In Johannes 4,1-29 begegnet Jesus einer Frau und nimmt sich die Zeit, mit ihr zu reden. Er sagt ihr, dass er alles weiß, was sie bisher gemacht hat. Das Gespräch ist geprägt von Offenheit und Ehrlichkeit. Letztendlich ist es auch voller Vergebung und Befreiung von einer Last.

> „Den Pharisäern war zu Ohren gekommen, dass Jesus noch mehr Nachfolger gewann und taufte als Johannes – obwohl er nicht einmal selbst taufte, sondern nur seine Jünger. Als Jesus das erfuhr, verließ er Judäa und kehrte nach Galiläa zurück.
>
> Sein Weg führte ihn auch durch Samarien, unter anderem nach Sychar. Dieser Ort liegt in der Nähe des Feldes, das Jakob seinem Sohn Josef geschenkt

hatte. Dort befand sich der Jakobsbrunnen. Müde von der langen Wanderung setzte sich Jesus an den Brunnen. Es war gerade Mittagszeit.

Da kam eine Samariterin aus der nahe gelegenen Stadt zum Brunnen, um Wasser zu holen. Jesus bat sie: ‚Gib mir etwas zu trinken.' Denn seine Jünger waren in die Stadt gegangen, um etwas zu essen einzukaufen. Die Frau war überrascht, denn normalerweise wollten die Juden nichts mit den Samaritern zu tun haben. Sie sagte: ‚Du bist doch ein Jude! **Wieso bittest du mich um Wasser?** Schließlich bin ich eine samaritische Frau!'

Jesus antwortete ihr: ‚Wenn du wüsstest, was Gott dir geben will und wer dich hier um Wasser bittet, würdest du mich um das Wasser bitten, das du wirklich zum Leben brauchst. Und ich würde es dir geben.'

‚Aber Herr', meinte da die Frau, ‚du hast doch gar nichts, womit du Wasser schöpfen kannst, und der Brunnen ist tief! Wo willst du denn das Wasser für mich hernehmen? Kannst du etwa mehr als Jakob, unser Stammvater, der diesen Brunnen gegraben hat? Er selbst, seine Kinder und sein Vieh haben schon daraus getrunken.' Jesus erwiderte: ‚Wer dieses Wasser trinkt, wird bald wieder durstig sein. **Wer aber von dem Wasser trinkt, das ich ihm gebe, der wird nie wieder Durst bekommen.** Dieses Wasser wird in ihm zu einer Quelle, die bis ins ewige Leben hineinfließt.'

‚Dann gib mir dieses Wasser, Herr', bat die Frau, ‚damit ich nie mehr durstig bin und nicht immer wieder herkommen und Wasser holen muss.' Jesus entgegnete: ‚Geh und ruf deinen Mann. Dann kommt beide hierher!' ‚Ich bin nicht verheiratet', wandte die Frau ein. ‚Das stimmt', erwiderte Jesus, ‚verheiratet bist du nicht. Fünf Männer hast du gehabt, und der, mit dem du jetzt zusammen lebst, ist nicht dein Mann. Da sagst du die Wahrheit.'

Erstaunt sagte die Frau: ‚Ich sehe, Herr, du bist ein Prophet! Kannst du mir dann eine Frage beantworten? Unsere Vorfahren haben Gott auf diesem Berg dort angebetet. Warum also behauptet ihr Juden, man könne Gott nur in Jerusalem anbeten?'

Jesus antwortete: ‚Glaub mir, die Zeit wird kommen, in der ihr Gott, den Vater, weder auf diesem Berg noch in Jerusalem anbeten werdet. Ihr wisst ja nicht einmal, wen ihr anbetet. Wir aber wissen, zu wem wir beten. Denn das Heil der Welt kommt von den Juden.

**Doch es kommt die Zeit – ja, sie ist schon da – in der die Menschen den Vater überall anbeten werden, weil sie von seinem Geist und seiner Wahrheit erfüllt sind.** Von diesen Menschen will der Vater angebetet werden. Denn Gott ist Geist. Und wer Gott anbeten will, muss von seinem Geist erfüllt sein und in seiner Wahrheit leben.'

Die Frau entgegnete: ‚Ja, ich weiß, dass einmal der Messias kommen soll, der auch Christus genannt wird. Er wird uns schon alles erklären.' Da sagte Jesus: ,**Du sprichst mit ihm. Ich bin der Messias.'**

Als seine Jünger aus der Stadt zurückkamen, wunderten sie sich, dass er mit einer Frau redete. Aber keiner fragte ihn: ,Was willst du von ihr? Warum sprichst du mit Ihr?'

Da ließ die Frau ihren Wasserkrug stehen, lief in die Stadt und rief allen Leuten zu: ,**Kommt mit, ich habe einen Mann getroffen, der alles von mir weiß!** Vielleicht ist es der Messias.' "

Der Hintergrund zu dieser Geschichte, wie vielleicht auch zu deiner, ist ein Leben voller schöner und weniger schöner Erlebnisse. Jesus nimmt sich Zeit, um mit einer Frau (das war nicht üblich) zu reden, die obendrein Samariterin ist. Die Juden betrachteten die Menschen aus Samarien als unreines Mischvolk und gaben sich nicht mit ihnen ab.

Die Samariter beteten neben Gott auch noch andere Götter an. Jesus war das alles bewusst, trotzdem sprach er mit der Frau, denn er wusste, dass sie ihn brauchte. Eigentlich hätte er nicht durch Samarien reisen müssen. Wenn die Juden nach Galiläa reisten, machten sie einen Umweg an Samarien vorbei, um zu vermeiden, mit den Einwohnern Samariens zusammenzutreffen. Doch diese Frau brauchte ihn dringend, sie brauchte eine Begegnung mit dem lebendigen, vergebenden Gott.

Die Frau, der Jesus begegnet, weiß, dass ihr Leben nicht in Ordnung ist. Sie kennt ihre Fehler und Sünden. Zur damaligen Zeit gingen Frauen immer gemeinsam zum Brunnen.

Diese Frau taucht allein auf, zu einer Tageszeit, an der sie weiß, dass kein anderer dort sein wird.

**Vielleicht hatte sie es satt zu hören, wie schlecht sie ist?** Vielleicht wollte sie keine der anderen treffen, die das Glück hatten, mit einem Ehemann zusammen zu leben? Ich hätte auch keine große Lust, mir jeden Tag anzuhören, was ich falsch mache. Oder Blicke ertragen zu müssen, die manchmal deutlicher sind als Worte. Also kommt sie lieber allein zum Brunnen.

Zunächst begegnet sie Jesus mit Argwohn: Vers 9: „Wie, du bittest mich um etwas zu trinken, der du ein Jude bist und ich eine samaritanische Frau?" Wie lange ist es wohl her, dass jemand sie um etwas gebeten hat? Jesus aber macht sie neugierig, indem er andeutet, was er ihr geben kann (lebendiges Wasser), und da beginnt sie, ihn zu respektieren und spricht ihn mit Herr an. Sie will mehr über dieses Wasser wissen. Sie ist skeptisch. Jakob hatte ihnen diesen Brunnen gegeben – ist dieser Mann etwa mehr als Jakob, der so wohlhabend war, von dem das ganze Volk Israel abstammte?

Jesus schafft es immer wieder, Menschen dazu zu bewegen, mehr haben zu wollen, zu vermuten: Bist du mehr als das, was bisher in meinem Herzen den ersten Platz einnahm? Bist du echt? Und damit gewinnt er sofort ihre Aufmerksamkeit. Diese Frau, die mittlerweile den 6. Lebenspartner hat, will nun mehr wissen. Jesus sagt: Ich gebe dir Wasser, wenn du von dem trinkst, wirst du nie wieder Durst haben. Das ist genau das, wonach sie sich sehnt! Sie vermutet, er spricht über Trinkwasser und freut sich auf die Möglichkeit, nie wieder Wasser schleppen zu müssen, nie wieder die Blicke anderer ertragen zu müssen. **„Gib mir solches Wasser, damit ich nicht mehr kommen muss."**

Wünschst du dir nicht auch, dass jemand deine Last wegnimmt? Jeden Tag suchst du danach, und immer wieder triffst du den, der dir wehgetan hat. Diese Frau muss jeden Tag das schwere Wasser schleppen – wahrscheinlich wiegt es so schwer, weil sie immer an den Häusern vorbeigehen muss, in denen Menschen wohnen, **die sie mit ihrem Lebensstil ablehnen.**

Genau dieses Problem spricht Jesus an. Er kennt sie. Er weiß genau, was belastet, was schmerzt. Er sagt zu der Frau am Brunnen: „Geh hin, ruf deinen Mann und komm wieder her." Jesus weiß, was immer wieder Probleme verursacht und so höllisch weh tut. Sie sagt es: „Ich habe keinen Mann." Jesus weiß, dass sie mit einem Mann zusammenlebt, mit dem sie nicht verheiratet ist. Der sechste Mann in ihrem Leben.

Er sagt es ihr, nicht weil er ihr weh tun will, nicht weil er sie bloßstellen will, sondern weil er sie liebt und ihr eine Alternative bieten möchte. Diese Frau wurde von dem Geheimnis und der Last in ihrem Herzen befreit, weil sie es jemandem erzählen konnte, der sie nicht verurteilte.

**Durch dieses Gespräch erkennt die Frau, dass Jesus der Christus ist,** der Messias, der Erretter, der Gesandte Gottes. Sie geht hin und fängt an, es den Leuten zu erzählen. Menschen hören auf diese neue Botschaft, und sie betrachten die Frau mit anderen Augen. Plötzlich spielen Männer und das Thema Heirat keine so große Rolle mehr. Sie hat etwas Wichtigeres gefunden. Sie trinkt von dem Wasser, das Jesus ihr gibt, und wird frei.

Hier hat Jesus nicht direkt das Wort Vergebung in den Mund genommen. Aber weil er sich Zeit nahm und sich der samaritanischen Frau offenbarte, geschah ganz viel Vergebung zwischen ihr und ihren Nachbarn. Aber auch zwischen den Juden und den Samaritern.

Denn seine Jünger erkannten an diesem Beispiel, dass man ein Volk nicht als unrein abstempeln darf. Auch dass der Sohn Gottes wirklich jeden liebt, egal ob Mann oder Frau, ob Sünder oder Christ, ob Jude oder Samariter, Grieche oder Deutscher. Jesus ist für alle gestorben.

> „Jetzt sah ich eine große Menschenmenge, so groß, dass niemand sie zählen konnte. Die Menschen kamen aus allen Nationen, Stämmen und Völkern; alle Sprachen der Welt waren zu hören. Sie standen vor dem Thron und vor dem Lamm. Alle hatten weiße Gewänder an und trugen Palmzweige in der Hand." (Offenbarung 7, 9)

## Jesu Liebeserklärung

Jesus möchte auch dir die Chance geben, seine Liebe zu spüren und anzunehmen. Er möchte dir helfen, Bitterkeit, Wut und Hass loszulassen. Dann musst du nicht mehr die Menschen, die dich verletzt haben, meiden. Er will dir helfen, die Mauern der Unversöhnlichkeit niederzureißen. **Jesus liebt dich. Er will dir begegnen.** Du musst keinen einzigen Schritt auf dem Weg der Vergebung allein machen.

Gott hat immer schon vergeben wollen. Hast du in deinem Kopf das Bild eines Gottes, der jede Sünde anrechnet? Vor allem im Alten Testament? Aber Gott will vergeben, helfen, heilen, Herzen mit seiner ewigen Liebe füllen. Wenn er sieht, wie sich die Menschen mehr und mehr von ihm abwenden, hält er Ausschau nach einer Möglichkeit, seine Kinder wieder mit sich zu vereinen.

Jeremia 31, 2-3: „So spricht der Herr: Diejenigen, die den Krieg überlebt haben, haben in der Verbannung meine Barmherzigkeit erlebt. Ich werde kommen, um mein Volk Israel zur Ruhe zu führen. **Ich habe dich schon immer geliebt.** Deshalb habe ich dir meine Zuneigung so lange bewahrt."

Das sind wunderschöne Worte, eine Liebeserklärung unseres Schöpfers direkt an uns. Ja, Gott hat dem Volk Gesetze gegeben, und ich kann mir vorstellen, dass es schwer war, sie zu halten. Das Volk war nicht mehr in der Lage, selbst zwischen richtig und falsch zu unterscheiden.

Er will, dass alle Menschen gut behandelt werden. Sklaven und Witwen, Waisen und Fremdlinge sollten mit Würde und gerecht behandelt werden. Er wollte sie wissen lassen, dass er sich um sie kümmert. Er wollte einen Platz schaffen für die, die Schuld auf sich geladen hatten.

Vielleicht hatten sie aus Versehen eine Straftat begangen und wurden von niemandem geliebt. Er wollte für die Armen, die Einsamen, die Fremdlinge, die die heimische Sprache nicht beherrschten, da sein.

Heutzutage verdrehen wir das Gottesbild; schon kleine Kinder sehen ihn als bösen, strengen Gott. Es ist wahr, Sünde trennt den Menschen von Gott, jede Sünde entfernt uns vom Vaterherz und bringt ein Gefühl des Selbstvorwurfs und der Selbstverdammung mit sich. Die Sünde flüstert uns zu, was für ein Versager wir sind. **Deshalb brauchen wir Vergebung.** Nur, wenn die Sünden nicht mehr zwischen uns und Gott stehen, können wir wieder mit ihm vereint sein.

Jeden Tag neu erkennt Gott, dass wir das Leben ohne ihn nicht schaffen können. Er muss zusehen, wie wir falsche Entscheidungen treffen. Wie wir das Zweitbeste, Dritt- oder Zehntbeste tun, nur weil wir verlernt haben, zu ihm zu gehen.

Wir haben es verlernt, unsere Sünden zu bekennen, zuzugeben, dass wir etwas getan haben, das nicht in seinem Sinn war und schlecht für uns oder einen Mitmenschen ausging. **Busse tun bedeutet zuzugeben, dass es uns leid tut,** dass wir diese Tat bereuen und nicht wieder so handeln wollen. Busse meint Rückkehr zu Gott, Abkehr vom falschen Weg, der Sünde den Rücken kehren. Gott wird es uns vergeben, obwohl die Sünde einen fiesen Lohn mit sich bringt:

> „Denn die Sünde wird mit dem Tod bezahlt; Gott aber schenkt uns in der Gemeinschaft mit Jesus Christus, unserem Herrn, ewiges Leben." (Römer 6, 23)

Gott muss nicht vergeben, Er will vergeben. Er will es, weil Er dich liebt. Er möchte befreien, heilen und retten und noch weitaus mehr, als du dir jemals vorstellen kannst! Liebe ist in der Lage, zu vergeben und zu vergessen.

> 1.Kor. 13, 4-7: „**Liebe ist geduldig und freundlich.** Sie ist nicht verbissen, sie prahlt nicht und schaut nicht auf andere herab. Liebe verletzt nicht den Anstand und sucht nicht den eigenen Vorteil, sie lässt sich nicht reizen und ist nicht nachtragend. Sie freut sich nicht am Unrecht, sondern freut sich, wenn die Wahrheit siegt. **Liebe ist immer bereit zu verzeihen,** stets vertraut sie, sie verliert nie die Hoffnung und hält durch bis zum Ende."

Hier steht ganz deutlich, was die Liebe alles zu tun vermag. Gott rechnet uns das Böse nicht zu und freut sich nicht an der Ungerechtigkeit. Er erträgt, was wir ihm antun. Er glaubt weiterhin an uns. Er hofft, dass wir die Vergebungsbotschaft annehmen und begreifen. Solange erduldet Er unsere Unversöhnlichkeit. Ich sage es noch einmal: Gott muss nicht vergeben. Aber Er tut es, weil Er es möchte und weil Er uns liebt.

In 1. Joh. 1, 9 lesen wir:

> **„Wenn wir aber unsere Sünden bekennen, dann erfüllt Gott seine Zusage treu und gerecht: Er wird unsere Sünden vergeben und uns von allem Bösen reinigen."**

Wir haben immer den einfachen Part. Wir bekennen nur und bitten um Vergebung. Er reinigt, Er wirft ins Meer. Er entfernt die Sünde so weit von uns, wie der Westen vom Osten entfernt ist. Er vergisst, Er liebt, Er macht ganz frei. Er schafft Neues. Wäre es nicht schön, wenn wir anderen nur aus dem Grund vergeben könnten, weil wir es wollen und nicht, weil wir es müssen? Weil wir erkannt haben, wie schön es ist, Vergebung zu empfangen und dieses Gefühl des Freiseins freiwillig weitergeben möchten?

Nachdem Gott erkannt hatte, dass sein Volk weder auf das hörte, was die Propheten sagten, noch den Gesetzen folgen konnten, musste eine andere Lösung her. Er sehnte sich nach seinem Volk. Jeden einzelnen hatte Er selbst geschaffen, kannte ihn persönlich und seinen Namen. Er wusste sogar, wie viele Haare jeder Einzelne auf seinem Kopf hatte!

„Bei euch sind sogar die Haare auf eurem Kopf alle gezählt. Darum habt keine Angst, ihr seid Gott mehr wert als ein ganzer Spatzenschwarm." (Lukas 12, 7)

Schließe deine Augen und stell dir einfach vor, Gott weiß, wie viele Haare du hast. Er liebt dich. Stell dir vor, wie einfach es ist, wenn du das glaubst. Gott erklärte es seinem Volk sehr deutlich, wie satt er Opfer hatte, die nicht von Herzen kamen, und dass sie Traditionen und Feste feierten, deren Bedeutung in Vergessenheit geraten waren.

> Jesaja 1, 10-18: „Hört auf das Wort des Herrn, ihr Anführer Sodoms! Achte das Gesetz unseres Gottes, du Volk Gomorra! Warum bringt ihr mir so viele Opfer?" spricht der Herr. „Ich bin eure Widder als Brandopfer und das Fett des Mastviehs leid. Mir gefällt das Blut eurer Opfertiere, Lämmer und Ziegenböcke nicht. Wer hat von euch verlangt, meinen Vorhof zu zertrampeln, um vor mein Angesicht zu kommen?
>
> Hört auf, mir solche verlogenen Opfer zu bringen. Das Räucherwerk, das ihr mir bringt, finde ich abscheulich. Eure Neumondfeste und Sabbatfeiern, eure sündigen Zusammenkünfte und Versammlungen kann ich nicht mehr aushalten. Ich verabscheue eure Feste und Neumondfeiern, sie sind mir zuwider. Sie belasten mich.
>
> Ich bin es leid, sie länger zu ertragen! Wenn ihr nun eure Hände erhebt, werde ich meine Augen

von euch abwenden. Betet, so viel ihr wollt, ich werde nicht hinhören. Eure Hände sind blutbefleckt. Wascht euch, reinigt euch! Schafft mir eure bösen Taten aus den Augen. Hört auf, Schlechtes zu tun und lernt, Gutes zu tun. Schafft Recht, weist Übeltäter zur Ordnung. Verhelft den Waisen zu ihrem Recht. Tretet für die Witwen ein."

Ich habe immer wieder versucht zu erklären, was das bedeutet: Es ist Gottes Einladung, mit ihm zu reden, ihm zu sagen, wie man sich fühlt. In den Versen hier wird nochmal deutlich, dass es Gott wichtiger ist als Gesetze, Rituale und Glaubensformeln. Und ganz ehrlich: meiner Meinung nach ist es viel einfacher, mit Gott zu reden, als tausend Opfer darzubringen und Gesetze einzuhalten.

In einem einfachen Gespräch mit dem himmlischen Vater werden alle Sünden weggewaschen und wir sind wie neu. Unbeschriebene Blätter. Neuanfang. Das Negative entfernt. Die Last ist weg. Nicht mit Tippex übermalt, nicht durchgestrichen sondern weggewaschen. Die Aufrichtigkeit eines Gespräches mit dem Vater nimmt alle Last von uns.

Vielleicht fällt es uns so schwer, das anzunehmen, weil es so einfach ist. Wir können Gesetze und Regeln verstehen und sogar versuchen, sie einzuhalten. Es wäre machbar, dafür zu arbeiten. Aber glauben, dass uns durch ein einfaches Gespräch vergeben werden kann? Ist das sicher? Ja, so einfach ist das. Auch ich habe so viel falsch gemacht. Hier ist ein hilfreiches Gebet:

*„Vater im Himmel, ich habe dir schon sehr lange nicht mehr erzählt, was ich alles falsch gemacht habe, und ich weiß auch nicht wirklich, wie das gehen soll. Aber lieber Vater, die Last der Sünden ist so schwer geworden – ich möchte dich bitten, sie mir zu nehmen.*

*O Herr, im Namen deines Sohnes Jesus Christus bitte ich dich, wasche mich wieder rein, mitsamt allen Schuldgefühlen und Selbstvorwürfen. Ich schaffe es nicht ohne dich, ich brauche dich. Ich bin vom Weg abgekommen und habe vergessen, wer du bist und dass du mich liebst.*

*Aus diesem Grund bitte ich dich, mich zu erneuern. Ich glaube, dass Jesus der Sohn Gottes ist. Ich glaube, dass er am Kreuz für meine Sünden gestorben ist und am dritten Tag wieder auferstanden ist. Ich glaube, dass er in den Himmel aufgefahren ist und zur Rechten Gottes sitzt.*

*Jesus, du lebst.*
*Sei mein Herr für immer.*

*Danke Vater für die Vergebung.*
*Danke, dass du mich liebst.*

*Amen."*

Gott merkte, dass seine Kinder ihn brauchen. So sandte Er seinen einzigen Sohn, damit jeder, der an ihn glaubt, gerettet wird. Jeder, das schließt auch die junge Frau ein, die mit 14 Mutter geworden ist, auch die Drogenabhängigen, die Obdachlosen und Arbeitslosen, den Siemens-Manager oder den Gründer von Microsoft. Jeder ist das Kind, das geschlagen wurde, die Prostituierte am Bahndamm, der nervige Nachbar, der seit dem Tod seiner Frau so verletzend ist. Jeder, auch der Präsident der Vereinigten Staaten oder der Waffenhändler um die Ecke – JEDER ist wirklich JEDER.

## Gott hasst die Sünde, aber er liebt den Sünder

In unserer Gemeinde „New Life Church" in Düsseldorf erzähle ich gerne den neuen Christen, von denen die meisten vorher Moslems waren, eine Geschichte, damit sie Gottes Rettungsplan verstehen können.

Wenn du einer Ameise helfen möchtest, eine Last zu tragen oder ihren Lebensraum auszubauen, ist das schwierig. Erstens ist der Ameisenbau viel zu klein für dich, du würdest da nicht hineinpassen. Zweitens würdest du die Ameise mit deinem Finger zerquetschen, wenn du versuchen würdest, sie hochzuheben.

Du bist zu groß, und die Ameise zu klein. Wenn du der Ameise und ihrer Familie wirklich helfen willst, musst du zur Ameise werden. Dann kannst du in der Sprache der Ameise reden, du lebst, gehst und isst wie eine Ameise und singst die gleichen Lieder wie sie. Sie können dich kennenlernen, und erst dann kannst du ihnen helfen.

Gott kannte uns zwar schon immer, aber wir Menschen haben irgendwann im Laufe der Zeit vergessen, wer Gott ist. Also sandte er seinen Sohn. Der König aller Könige wurde in einem Stall geboren. Der Herrscher aller Heerscharen kam als Baby zu uns.

Der Gott aller Götter kam zu uns und wurde wie wir. **Dadurch, dass Jesus in eine normale Familie hineingeboren wurde, konnten wir Menschen uns mit ihm identifizieren.** Er sprach unsere Sprache, trug unsere Kleidung, aß dasselbe wie die Juden. Er kannte ihre Gesetze und verstand ihre Schwierigkeiten. Dadurch wurde er zu einem von ihnen und konnte vermitteln, wie und wer Gott ist. Er konnte uns persönlich die Heilsbotschaft vortragen, vorleben und zeigen.

Gott, der im Fleisch zu uns kam, konnte persönlich zeigen, dass es Heilung, Befreiung und Liebe im Überfluss gibt. Er brachte Segen für Arme und Unterdrückte und befreite von Dämonen. Gleichzeitig entstand die Möglichkeit, eine Beziehung mit Gott einzugehen. Mit ihm zu reden von Angesicht zu Angesicht – ohne Vermittler, ohne Dolmetscher, in dem Wissen, dass er weiß, was ich gerade durchmache.

Das alles hat Gott für uns getan! Für dich und mich. Weil er uns liebt. Damit aber die Welt gerettet werden konnte, musste Jesus sterben. Nur durch sein vergossenes Blut konnten wir frei werden von Schuld.

> „Er wurde um unserer Übertretungen willen durchbohrt, wegen unserer Missetaten zerschlagen; die Strafe lag auf ihm, damit wir Frieden hätten; **durch seine Wunden sind wir heil geworden.**
>
> Wir alle gingen in die Irre wie Schafe, jeder wandte sich auf seinen Weg. Aber der Herr warf unser

aller Schuld auf ihn. Er wurde misshandelt, aber er beugte sich und tat seinen Mund nicht auf, wie ein Lamm, das zur Schlachtbank geführt wird, und wie ein Schaf, das verstummt vor seinem Scherer und seinen Mund nicht auftut." (Jes. 53, 5-7)

Jesus weiß besser als jeder andere, was Vergebung heißt. Er wurde misshandelt und verachtet. Man drückte ihm eine Dornenkrone aufs Haupt und riss ihm seinen Bart aus, peitschte ihn aus; ein Speerstich durchbohrte seine Seite. Sie lachten ihn öffentlich aus. Sie verspotteten ihn. Sie warfen das Los über seine Kleider. Als er Durst hatte, gab man ihm Essig zu trinken.

Er wurde mit Nägeln an ein Holzkreuz geschlagen und auf einem Berg gekreuzigt, damit ihn wirklich jeder in seiner schwersten Stunde sehen konnte. Gequält, gehasst, angespuckt und ausgelacht, öffentlich ermordet und verlassen. Und was sagte er? **Vergib ihnen Vater, denn sie wissen nicht, was sie tun."**

Doch sie wussten es, es war geplant. Aus Hass, Neid und Angst vor Veränderung. Heute noch geschehen Verbrechen aus diesen Gründen. Morde werden verübt, weil Menschen neidisch sind. Völker werden aus Machtgier unterdrückt, und noch immer geschehen Massenmorde im Namen der Religion.

Jesus weiß genau, was er verlangt, wenn er uns bittet zu vergeben. Er tat es selbst in der wohl schwersten und einsamsten Stunde seines Lebens. Er ist der Vergebungsprofi. Und er tut es immer noch. Satanisten finden zu Jesus. Er blickt sie liebevoll an und vergibt. Ich brauche nicht aufzuschreiben, welche Sünden und Verbrechen es gibt. Es steht jeden Tag im Internet oder in der Zeitung. Jesus vergibt uns komplett, bedingungslos, ganz.

> Johannes 3, 16-18: „Denn Gott hat die Menschen so sehr geliebt, dass er seinen einzigen Sohn für sie hergab. Jeder, der an ihn glaubt, wird nicht zugrunde gehen, sondern das ewige Leben haben. Gott hat seinen Sohn nicht zu den Menschen gesandt, um über sie Gericht zu halten, sondern um sie zu retten. **Wer an ihn glaubt, der wird nicht verurteilt werden.**"

Wir müssen begreifen, dass Gott von Anfang an die Welt retten und niemals richten wollte. Er wollte nicht, dass wir mit schweren Lasten herumlaufen müssen. Von Anfang an wollte er uns Frieden geben. Wir Menschen können so schwer vergeben und verweisen immer auf die erste Sünde. Wir geben Eva die Schuld für alles, was danach passierte. Für die Schmerzen bei einer Geburt, für die Härte oder den Stress der täglichen Arbeit – letztlich geben wir ihr die Schuld für die Trennung von Gott.

So nachtragend sind wir! Wir alle haben einen Baum in unserem Leben, von dem Gott sagt: iss nicht davon. Baum der Lügen, Baum der sexuellen Freizügigkeiten, Baum des Diebstahls, des Mordes, der Eifersucht, des Hasses, der Sucht oder des Egoismus. **Oder der Baum der Unversöhnlichkeit.**

Ich fände es traurig, wenn die Menschen ständig von meinen Fehlern sprächen. Und doch fällt es uns so leicht, dies bei anderen Menschen zu tun. Gibt es uns das Gefühl, nicht mehr als „Einzelsünder" dazustehen? Wäre es nicht besser, einfach zu vergeben, damit auch uns vergeben werden kann?

Jesus hat noch am Kreuz vergeben, während er gequält wurde. Er hat nicht erst gewartet, bis die Wunden verheilt waren oder er vom Tod auferstanden war – er hat sofort vergeben. Wird es nicht Zeit, dass wir von Jesus lernen, sofort zu vergeben, ehe das Geschehene sich wie ein Geschwür in unserer Seele ausbreiten kann? Gott ist heilig, treu, gerecht, voller Liebe und Vergebung, ein Vater, ein Freund, der uns versteht. Lasst ihn uns neu kennenlernen. Er will uns leiten und führen und uns perfekte Gaben geben.

Eine dieser perfekten Gaben ist es, Vergebung zu empfangen und zu schenken. Weißt du, dass Seife in der Lage ist, dich sauber zu waschen? Aber nicht, wenn du sie im Schrank liegen lässt. Erst wenn du sie aus der Verpackung wickelst, aufschäumst und anwendest, kann sie wirken. Und das Gefühl einer Dusche mit wohlriechender Seife ist doch sehr angenehm. Willst du Gottes wohlriechende Seife der Vergebung anwenden? Keine Angst, wenn du es nicht allein schaffst, wird er dir helfen. Oder er wird dir zur rechten Zeit auch die richtigen Menschen zur Seite stellen.

In der *New Life Gemeinde* bete ich schon seit vielen Jahren für Menschen, die schwere Schicksale erlebten oder kurz vor dem Selbstmord noch zu Gott finden. Und Gott schenkt mir und meiner Frau in seiner großen Gnade viel Liebe und Geduld für diese besonderen Kinder. Im Jahr 2006 kam eine junge Frau zu uns in die Gemeinde. Sie war voller Hass, Bitterkeit und Seelenschmerz. Auf den nächsten Seiten erzählt sie von ihren Erfahrungen.

## ERFAHRUNGSBERICHT

„Als ich 2006 in die New Life Gemeinde kam, stand mein Entschluss fest, dass ich mit niemandem mehr Kontakt haben wollte. Ich war zu oft und zu sehr verletzt worden durch Menschen, die Liebe als Vorwand benutzten und mich dann ausnutzten und verwundeten. Wie kam es dazu?

Ich wurde in Südafrika geboren und habe schon sehr viel Leid in frühen Kindertagen erlebt. Ich erinnere mich, dass ich im Vorschulalter zum ersten Mal **vom Stiefvater meiner Mutter sexuell missbraucht wurde.** Ich kann mich noch sehr genau erinnern, was er mir antat.

Mein leiblicher Vater ist Alkoholiker. Meine Eltern haben sich häufig und sehr heftig gestritten. Ich erinnere mich noch daran, wie ich nachts aus Angst zu meinen Brüdern ins Zimmer schlich, um bei ihnen zu schlafen. Schon als kleines Kind hatte ich große Angst; sie wurde ein dominierender Faktor in meinem Leben.

Mein Opa missbrauchte mich sehr oft sexuell. Ich erinnere mich auch, wie ich nach der Einschulung vom Schulbusfahrer behandelt wurde. Er lockte die Mädchen mit Süßigkeiten nach vorne und fasste uns dann unter den Rock.

Die Streitereien zwischen meinen Eltern wurden immer schlimmer, und schon früh fing ich an, meinen Vater zu hassen. Ich gab ihm für alles die Schuld, schließlich war er der Alkoholiker in unserer Familie. An einem Tag fiel ich die Treppenstufen hinunter und brach mir dabei den Arm. Mein Vater war betrunken und glaubte mir nicht. Als ich meinen Arm nicht durch den Ärmel meiner Schuluniform stecken konnte, weil es mir einfach zu weh tat, riss er ihn durch den Ärmel und schrie: „Stell dich nicht so an".

Die Lehrer meiner Schule ließen mich ins Krankenhaus bringen. Die Ärzte stellten einen Bruch fest, der dann eingegipst wurde. **Mein Hass wuchs immer mehr.**

Als meine Eltern sich scheiden ließen, freute ich mich. Ich dachte, nun wird es endlich besser, denn wenn der Alkoholiker weg ist, hören die Probleme auf. Leider wusste ich zu der Zeit nicht, dass es noch schlimmer werden würde.

Wir (meine Mutter, meine zwei Brüder und ich) zogen nach Johannesburg um. Die Wohnung war sehr klein. Trotz der Diebstähle und Schießereien, die wir vom Balkon aus beobachteten, fühlte ich mich sicher. Leider aber nicht lange. Nach dem Tod meiner Oma zogen wir in das Haus meines Opas, der mich ja sexuell missbrauchte.

Es war der Horror. Ich hatte solche Angst, dass ich mich nachts nicht mehr auf die Toilette traute, denn ich dachte, wenn er mich hört, dann kommt er. Also urinierte ich nachts in die Ecke meines Zimmers. Ich wusste nie, wann er kommen würde. **Nachts lag ich wach und fürchtete mich sehr.**

Eines Tages lernte meine Mutter einen neuen Mann kennen. Die beiden gingen oft aus und ich war allein mit dem Opa. Ich kann gar nicht beschreiben, wie viel Angst ich hatte. Als meine Mutter dann noch ankündigte, dass sie mit dem Mann übers Wochenende verreisen würde, drehte ich innerlich durch.

Ich hyperventilierte solange, bis ich einen Asthmaanfall bekam und ins Krankenhaus musste. Es folgten Tage mit heftigen Asthmakrämpfen, zweimal fiel ich dabei ins Koma. Meine Mutter sagte die Reise mit ihrem neuen Freund ab. Hatte ich deswegen vielleicht Glück? Leider nicht!

Der *Freund* war am Anfang ganz lustig. Wir durften ihn mit dem Vornahmen anreden. Nach einer kurzen Zeit mussten wir Onkel zu ihm sagen und er wurde sehr streng. Ich war 9 Jahre alt; meine Mutter heiratete diesen Mann, und wir feierten Hochzeit.

Ab diesem Zeitpunkt mussten wir zu ihm statt Onkel Papa sagen. Es überraschte mich nicht, als ich eines Nachts feststellte, dass Onkel Papa an meinem Bett an meinem ganzen Körper zugange war. In diesem Moment, **im Alter von neun Jahren, entschied ich mich zu resignieren.**

Meine Welt brach für mich zusammen. Neben dem sexuellen Missbrauch liebte er es, uns zu verprügeln. Meine Mutter machte Fotos von den blauen Flecken, und alle amüsierten sich darüber. Ein weiteres Hobby unseres Stiefvaters war, dass er uns (meinen Brüdern und mir) Stöcke in die Hand gab, damit wir uns gegenseitig schlagen sollten. Er schaute einfach nur zu.

Und wenn wir nicht fest genug aufeinander einschlugen, verprügelte er denjenigen, der nicht fester zuschlug. Im Alter von elf wurden wir **mittels Pornographie aufgeklärt** – wobei ich immer wieder angewidert wegging, aber meine Brüder mussten sich den Film bis zum Schluss anschauen, sie sollten ja schließlich richtige Männer werden.

Wir Geschwister mussten putzen, ich habe gekocht, Wäsche gewaschen und gebügelt. Und bei dem Ganzen haben wir einfach nur versucht zu überleben. Niemand konnte etwas richtig machen. Wir waren jeden Tag sehr angespannt, denn nur eine Kleinigkeit musste passieren (manchmal leider auch gar nichts), und die Stimmung verdunkelte sich. Dann gab es irrsinnige Bestrafungen oder Aufgaben.

Manchmal *durften* wir auch aussuchen, womit wir geschlagen werden *wollten*. Zwischendurch mussten wir in Wettbewerben untereinander antreten. Wer dabei verlor, musste irgendwelche schwachsinnigen Aufgaben im Haushalt übernehmen oder den Eltern eine Woche lang zu jeder Tages- und Nachtzeit Kaffee bringen.

**Wenn ich eine schlechte Note schrieb, gab es Prügel,** auch wenn ich eine zwei geschrieben habe. Ich musste nachts pauken oder irgendwelche blödsinnigen Sätze 10.000-mal aufschreiben. Natürlich tat ich das auch – alles war mir lieber, als wieder Prügel mit Brettern, Stöcken, Gummiseilen, Schuhe o. ä. zu bekommen.

Manchmal kam der Stiefvater schlecht gelaunt nach Hause, schmiss alle Klamotten aus den Kleiderschränken, kippte eimerweise Sand in die Schränke, und wir Kinder mussten alles wieder blitzblank putzen. Wenn nur ein Sandkrümel zu finden war, gab es wieder Schläge. Disziplin sollte man dadurch lernen. Ich erinnere mich, dass alle meine Freundinnen, wenn sie mal bei mir übernachteten, weinend nach Hause gingen.

Jetzt ist mir auch klar, warum. Auch sie wurden von dem Stiefvater missbraucht. Oft drohte er, uns alle umzubringen (Schusswaffen hatten wir genügend im Haus) oder sich selber (worüber ich mich echt freute). Dann ging er aus dem Haus und fuhr weg. Wir hörten Schüsse, und ich dachte „Endlich ist alles vorbei. Endlich hat er sich selbst umgebracht."

Aber leider nein. Er kam wieder zurück und lachte uns alle aus. Eine Zeitlang lebten wir auf einem Bauernhof, dort sind uns oft Hunde zugelaufen. Meine Geschwister und ich freundeten uns mit ihnen an, das ging sehr schnell bei mir, denn ich liebte Tiere sehr.

Leider hat unser Stiefvater die Tiere vor unseren Augen erschossen, weggegeben oder ertrunken. Hauptsache sie waren weg und wir hatten keine Freude mehr an den Hunden. Das brach mir jedes Mal das Herz.

Im Alter von elf Jahren erwischte meine Mutter den Stiefvater dabei, wie er mich sexuell missbrauchte, und rief beim Jugendamt an. Nachdem der Beamte mit uns allen geredet hatte, kam er zu mir und sagte: **„Dein Vater hat uns versprochen, es nicht wieder zu tun."**

In mir waren Scham- und Schuldgefühle, aber auch Hoffnung. Denn ich nahm an, falls so etwas wieder passieren würde, glauben die Menschen mir es endlich, da meine Mutter es ja mit eigenen Augen gesehen hatte. Wie naiv ich doch damals war! Kurz danach passierte es wieder.

Ich erzählte es meiner Mutter. Sie konfrontierte meinen Stiefvater. Er stritt es ab, und sie glaubte ihm. Ich musste dann draußen schlafen, bis ich mich entschuldigen würde für meine Lüge. Nach zwei Wochen, in denen ich draußen schlief und mein Essen an der Haustür abholen müsste (sie stellten es vor der Tür auf den Boden ab) und in denen ich mit meinen Brüdern kein einziges Wort reden durfte, entschuldigte ich mich.

Es war schlimmer als je zuvor, ein Familiengeheimnis! Der Stiefvater hatte einen Freifahrtschein bekommen. Er wusste, dass meine Mutter nie wieder etwas dagegen sagen würde, und ich hatte so viel Angst und Scham, dass ich mich nicht traute, etwas zu sagen. Ich dachte, es liegt an mir. Ich dachte, ich wäre Schuld. Es wurde heftiger und heftiger, noch schmerzhafter, und ich wusste, dass keiner mir helfen wollte oder könnte.

Im Alter von 14 Jahren holte die Polizei mich dort heraus. Ich wurde bei mehreren Pflegeeltern untergebracht, die weder mit mir zurechtkamen oder mich als billige Putzkraft einsetzten. Eine Pflegemutter sagte mal zu mir: „Ich weiß, du willst nur meinen Mann verführen".

Im Alter von 15 Jahren war mein erster Satz in jeder neuen Schule: „**Ich hasse die Menschen.** Lasst mich alle bloß in Ruhe." Schließlich wurde ich an eine Tante in Amerika weitergereicht, die aber auch nicht mit mir klarkam. So durfte ich wieder zurück nach Hause, zu ihm, dem ach so lieben Stiefvater. Ich fing an zu rauchen und war jedes Wochenende total betrunken oder im Drogenrausch.

Einmal steckte man mich sogar ins Gefängnis. Es war ein Wunder, dass ich das Abitur schaffte und auch eine Arbeitsstelle fand. Gott schickte mir Menschen an die Seite, die immer wieder bereit waren, das Gute in mir zu sehn. Das vergesse ich nie.

Im Alter von 17 Jahren, nachdem ich an 14 Schulen Südafrikas unterrichtet worden war, bestand ich die letzten Abiturprüfungen und war endlich frei. Ich zog sofort aus. Im letzten Schuljahr und danach habe ich sehr hart gearbeitet und gespart. Ich habe die Unterschriften meiner Eltern gefälscht, um als Aupair-Mädchen nach Deutschland zu reisen, denn in Südafrika ist man erst mit 21 Jahren volljährig, und als 18-jährige durfte ich nicht ohne Vollmacht der Eltern reisen.

Dann, im Dezember 1994 mit 17 Jahren, lud mich vor meiner Abreise nach Deutschland ein Freund ein, mit ihm zu einer Evangelisationsveranstaltung zu gehen. Ich hatte nicht wirklich Lust, denn ich war eher der Mensch, der auf Partys oder in die Disco ging.

Manchmal ging ich direkt nach der Schule freitags in eine Diskothek und vergaß öfters meine Schultasche dort. Ich war fast immer betrunken. Trotzdem ging ich mit dem Freund mit, ich fand ihn süß und hoffte, er würde mich nach der Evangelisationsveranstaltung mit in die Disko nehmen.

**Dort hatte ich eine hammermäßige Begegnung mit Jesus.** Der Mann, der dort predigte, erzählte von Jesus, wie ich es noch nie zuvor gehört hatte. Für mich waren Kirchenbesucher immer die wohlhabenden Menschen gewesen, perfekt gekleidet und mit schicken Autos. Nie hätte ich gedacht, dass ich mit meinem verkorksten Leben dort reinpassen würde.

Der Pastor rief Menschen, die mehr von Jesus hören wollten, nach vorne. Er kam zu mir und erzählte mir Dinge, die niemand sonst wissen konnte. Er sagte, Gott sei immer da und liebe mich und wolle mich heilen. Ich war tief berührt von Gottes Gegenwart und seiner Liebe. Ich weinte und gab mein Leben Jesus. Sofort hörte ich auf mit Alkohol, Partys und Drogen.

Sieben Monate später, im Juli 1995, kam ich dann nach Deutschland. Ich wollte immer hierher, denn mein Urgroßvater ist gebürtiger Deutscher. Ich kannte die Kultur nicht, denn wir haben nie zu Hause Deutsch gesprochen.

Aber in Südafrika gab es kaum Hoffnung auf eine gute Zukunft, studieren kann nur der, der Geld hat. **Mit 18 Jahren lernte ich die Liebe meines Lebens kennen.** Mit 20 Jahren haben wir geheiratet.

Im gleichen Jahr fing ich noch eine Ausbildung zur Bürokauffrau an. Der Stress aus meinem alten Leben holte mich ein, und in den ersten sieben Jahren meiner Ehe glaubte ich meinem Ehemann nicht, dass er mich wirklich liebt. Wenn meine eigene Mutter mich nicht lieben kann, dann kann es eben keiner, dachte ich.

Manchmal wurde ich ohnmächtig im Zug oder in der U-Bahn. Mein Körper war am Ende. **Hinzu kam ein Verfolgungswahn.** Ich war fest davon überzeugt, dass *man* mich verfolgte, war mir sicher, dass alle Männer mich vergewaltigen wollten. Der Alltag wurde mir zur Qual. In der Bahn saß ich immer neben der Notbremse, um im Notfall den Zug anzuhalten, denn dann (dachte ich mir) muss der Schaffner kommen und schauen, was los ist.

Ich hatte mir einen Fluchtplan zurechtgelegt. Ich wollte nie wieder erleben, dass mir einer wehtut. Ich bildete mir ein, dass Menschen mich verfolgten, und so habe ich sie dann wieder verfolgt, damit sie keine Chance hatten, mir weh zu tun. Zu Hause saß ich oft stundenlang still, überzeugt, dass ich beobachtet werde. Ich erlebte lähmende Panikattacken und extreme Wahnvorstellungen, dann fing ich an, mich selbst zu verletzen, damit der innere Druck in mir selbst abnahm.

Doch plötzlich war ich in einer anderen Welt, von der mein Mann und ich wussten, dass ich kurz vor dem Selbstmord stand. Es folgten sechs Psychiatrie- und Klinikaufenthalte mit sehr vielen Medikamenten. Manchmal schlief ich 18-20 Stunden am Tag und nahm 50 Kilo zu wegen der Psychopharmaka. Es gab keinen Psychiatrieaufenthalt unter 4 Monaten, nichts mehr half.

Die Ärzte sagten mir, dass ich unter Posttraumatischer Belastungsstörung, Paranoia, Depressionen sowie Borderline Syndrom und Adipositas leide. Des Weiteren wurde mir gesagt, **dass ich nie ein normales Leben führen könne,** kein normales Berufsleben, Ehe- oder Sexualleben. LEBEN war das nicht.

Ich habe überlebt. Nach meiner Kaufsucht, während der ich unnötig Geld für irgendwelche Sachen ausgegeben hatte, habe ich alles erlebt: Krankheit, Sucht, Hass, Bitterkeit, mein Wunsch Tod zu sein, die Unfähigkeit, zu vergeben – und dann kam ich in die *New Life Gemeinde*.

Wie ich ja bereits sagte, ich hasste Menschen. Nach dem Gottesdienst ging ich immer direkt nach Hause. Ich habe mit niemanden gesprochen. Mal ging ich in die Gemeinde, dann zwei oder drei Wochen gar nicht, und dann war ich einfach wieder da. Eines Tages rief mich Pastor Richard Aidoo nach vorne und sagte zu mir: „Und jetzt bleibst Du hier. Gott möchte, dass du hier bleibst."

Es folgten viele Gespräche mit ihm und seiner Frau, Pastorin Sigrid Aidoo. Im ersten Gespräch fragte ich: „Muss ich denn jemandem vergeben? **Muss ich meinen Eltern vergeben?** Das kann ich nicht. Wenn Gott mich nur will, wenn ich vorher vergebe, dann können wir das vergessen." Pastor Richard und Pastorin Sigrid sagten mir einfach nur, dass ich mir keine Sorgen zu machen brauche. Es folgte eine Zeit, in der ich regelmäßig zum Gottesdienst ging, mit Pastor Richard sprach und von Gott geheilt wurde. **Der Heilungsprozess war eben ein Prozess – keine Sofortheilung.**

Ich fing 2006 an, im Gemeindebüro zu arbeiten, und jeder wusste, dass ich erst nachmittags anfing zu arbeiten, da ich morgens sehr lange schlief. Dann kam eine Überraschung nach der anderen. Ich reduzierte die Medikamente, und im Januar 2007 konnte ich sie ganz absetzen. Die Ängste verschwanden nach und nach aus meinem Leben, und mein Mann konnte zur Nachtschicht gehen, ohne die Angst zu haben, dass ich mir etwas antun oder ständig bei ihm auf der Arbeit anrufen werde.

Ich hörte damit auf, mich selbst zu verletzen. Dann kam die Zeit, in der ich nur noch sieben bis acht Stunden Schlaf benötigte – und nicht mehr. Und ich war ausgeschlafen! Gott fing sogar an, mich vor dem Wecker zu wecken (offensichtlich weiß er, wie sehr ich das Klingeln des Weckers hasse). Bis heute werde ich immer vor dem Wecker wach und kann sofort einschlafen, wenn ich mich hinlege. Unfassbar!

Ich fing an, ganztägig im Büro zu arbeiten, und **meine Ehe wurde wieder ganz normal.** Mit allem was dazu gehört, auch der Sexualität. Im Jahr 2008 stand ich eines Morgens auf und hatte Sehnsucht nach meinen Eltern. Mit meiner Mutter hatte ich sieben Jahre und mit meinem Vater zehn Jahre nicht mehr gesprochen. Als ich die Sehnsucht nach ihnen spürte, wusste ich, dass ich ihnen vergeben hatte.

**Das ist Gott.**

Ich könnte nicht sagen, was ich Gutes getan habe – denn wer mich kannte, weiß, dass ich nicht gut war. Aber da gab es jemanden, der mich über alles liebte und 99 Schafe zurückließ, um mich zu suchen.

Er fand mich. Er heilte mich. Und jetzt in 2012 – halleluja – weiß ich, dass ich geheilt bin. Es gibt immer wieder Phasen, in denen ich an Sachen aus der Vergangenheit denke, und natürlich gibt es nach wie vor Dinge, an denen ich arbeiten muss, aber ein großer Teil ist geschafft.

Im Dezember 2011 war ich nach vielen Jahren wieder in Südafrika. **Ich konnte meinen Eltern ohne Hass begegnen.** Ich hatte nicht einmal den Wunsch, über die Vergangenheit zu sprechen oder warum zu fragen. Meine Mutter konnte es nicht glauben. Sie dachte, sie würde mich nie wiedersehen, denn inzwischen waren 12 Jahre vergangen. Ich merkte, wie sehr mir Gott geholfen hatte, denn ich hatte ihr die Schuld an meinem verkorksten Leben vergeben.

Es ist nach wie vor schmerzhaft zu sehen, dass meine Brüder in den Drogen bzw. der Alkoholsucht stecken, weil sie alles noch nicht verarbeiten können. Das Leben war wirklich nicht einfach für uns als Kinder und Jugendliche. Vieles lässt sich nicht leicht wegstecken.

Ich saß mal während eines Nachtgebetes in der Kirche auf dem Boden und sagte zu Jesus, wie schlimm meine Kindheit für mich war. Wie unerträglich. Wie schmerzhaft, auch körperlich. Ich erzählte ihm alle Einzelheiten, wohlwissend, dass er es schon wusste. Ich sagte ihm, wie furchtbar ich es fand. Ich hörte ganz deutlich, wie er antwortete und mir versicherte, dass es auch für ihn schlimm war. Er wollte das nicht. Er sagte mir, dass er aber immer dabei war und mitfühlte, wie ich mich fühlte. Jesus versteht mich. Jesus versteht uns.

Als wir aus Südafrika zurückkamen, gestand mir mein Mann, wie schwer es ihm gefallen war, meiner Mutter zu begegnen. Er gab ihr immer noch die Schuld an dem, was mit mir geschehen war. Er war sicher, sie würde nie in der Lage sein, sich bei mir zu entschuldigen.

Am 17. Mai 2012 empfing ich eine SMS-Nachricht von meiner Mutter. Sie schrieb darin, dass sie immer wieder daran denken müsse und traurig sei, dass sie viele schöne Jahre in meinem Leben verpasst habe und Vieles falsch gemacht habe. Sie fragte: **„Kannst du mir jemals verzeihen?"** In dem Moment war ich so erstaunt und gerührt und antwortete nur: „Das habe ich doch schon längst getan." Mein Mann konnte es kaum glauben. Es ist eben wirklich ein Wunder.

Momentan arbeite ich immer noch im Büro der *New Life Church* und bin Teil der Gemeindeleitung. Außerdem arbeite ich mit einem Team zusammen für aktive Flüchtlingshilfe und Migrantenberatung. An jedem Freitag verteilen wir Essen und Kaffee, und wir beten für die Obdachlosen, Abhängigen und Bedürftigen in der Düsseldorfer Innenstadt. Gott zeigt mir immer mehr und mehr, wie er das, was mir passierte, gebrauchen kann für seinen Reich. Ich verstehe den jeweiligen Menschen gut. Ich weiß, wie es passieren kann, dass ein Mensch auf der Straße oder in der Sucht landet.

Ich bin Pastor Richard und seiner Frau Sigrid sehr dankbar dafür, dass sie Menschen so aufnehmen, wie sie gerade sind.

Gott macht es nämlich genauso. Wenn wir als Gemeinde die Menschen lieben und aufnehmen, dann ist es für sie einfacher, Gott aufzunehmen.

Und der einzige Grund, weshalb ich meine Geschichte mit den vielen schlechten Ereignissen erzähle, ist mein Wunsch zu zeigen, wozu dieser Gott in der Lage ist. Damit ER die Ehre und den Ruhm dafür bekommt. Gott möchte, dass es uns gut geht. Ja, das möchte er wirklich.

(Ich habe lange überlegt, ob ich meinen Namen und ein Foto mit in dem Buch veröffentliche. Ich habe mich dann aber dagegen entschieden, denn es gibt zu viele Menschen, die in meine Lebensgeschichte involviert sind und noch am Leben sind. Ich möchte ihnen kein Leid zufügen, insbesondere nicht meinen Eltern.)

In diesem Buch habe ich (Richard) versucht zu erklären, was Vergebung ist, wie sie funktioniert und wie wichtig sie ist. Der Erfahrungsbericht ist ein Beispiel dazu. Aber was sonst noch geschah in der New Life Church, steht auf unserer homepage. In Auszügen berichtet der Herausgeber der Zeitschrift *Charisma* Gerhard Bially und Dieter Passon das Folgende:

## New Life Church – wie alles begann

Ende des Jahres 1988 kommen zwei Menschen von den entfernten Winkeln der Erde nach Düsseldorf: der junge Westafrikaner Richard, Sohn eines ghanaischen Pastors und Gemeindegründers, und Sigrid, eine Deutsch-Chilenin. Während Richard eigentlich daran dachte, nach Nordamerika weiterzureisen, und Sigrid die Mitarbeit bei Jugend mit einer Mission plante, kam alles anders, als sich ihre Wege in Düsseldorf kreuzten: März 1989 lernen beide einander kennen, und im Jahr darauf ist aus ihnen das Ehepaar Aidoo geworden. Mitte der 90er Jahre werden die Söhne Michael und Chris geboren.

Richard und Sigrid folgen gemeinsam dem Ruf Gottes, eine internationale Gemeinde in Düsseldorf und Umgebung aufzubauen. Heute gehören zur Life Church e.V. mehrere Tochtergemeinden, u. a. in Dortmund, Köln und Mönchengladbach.

Andere unabhängige Gemeindegründungen haben ebenso ihre Wurzeln in der NLC. Mehrere Jahre versammelte sich die Gruppe (die damals noch New Life hieß) im Jesus-Haus Düsseldorf, mit dem sie nach wie vor durch eine tiefe Freundschaft verbunden ist. Mit der Übernahme eines leer stehenden Kirchengebäudes ergaben sich neue Möglichkeiten: Mittlerweile finden am Sonntag neben dem Hauptgottesdienst in englischer Sprache zusätzliche Gottesdienste in Spanisch, Französisch, Farsi und Deutsch statt. (Alle fremdsprachigen Gottesdienste werden simultan ins Deutsche übersetzt.)

## CRISTO VIVE – Christus lebt

Hatte die New Life Fellowship als eine afrikanische Gemeinde angefangen, so entwickelte sie sich spätestens seit der Jahrtausendwende mehr und mehr zu einer internationalen Gemeinschaft. Da Sigrid Aidoo aus Chile stammt und daher fließend Spanisch spricht, bot es sich an, auch spanischsprachige Menschen durch Veranstaltungen in ihrer Muttersprache zu erreichen. Was daraus geworden ist, schildert uns Pastorin Sigrid Aidoo in einigen Stichpunkten:

- Die Gemeinde heißt „ENCUENTRO CON DIOS", das bedeutet „BEGEGNUNG MIT GOTT"
- Gründungsjahr: 2005
- Gottesdienst ist jeden Sonntag um 11 Uhr
- Mitglieder stammen aus Kolumbien, Ecuador, Peru, Spanien, Brasilien, der Dom. Rep., Kuba und Venezuela. Wenn Italiener dazustoßen, wird die Predigt zusätzlich ins Italienische übersetzt. Die Besucher sind nicht nur aus Düsseldorf, sondern kommen teilweise auch aus entfernteren Orten wie Bochum oder Viersen.

**Anhaltendes Gebet bringt Frucht**

Seit Anfang 2007 erlebt die New Life Church einen besonderen erwecklichen Aufbruch: Was als Gebetsmonat Anfang des Jahres im Januar begann, wurde eine beständige Gebetsversammlung, die mit wenigen Wochen Pause nun schon viele Jahre jeden Abend stattfindet. Richard : „Ich bin erstaunt, was Gott in dieser Zeit getan hat. Ungewöhnliche Heilungen sind ganz nebenbei geschehen. Und wie Gott sich den Moslems offenbart ..." Gab es eine Zeit lang jeden Freitag einen „Wundergottesdienst", so ist das inzwischen größte Wunder die Entstehung einer persischen (iranischen) Gemeinde innerhalb der NLC.

„Iran – immer noch als Persien bekannt – wird mit seiner jahrtausendealten Geschichte bereits in der Bibel erwähnt", erklärt Rachel und nennt gleich eine Anzahl von Bibelstellen (Jes 45; Esra 4-6; 4,7-23; 5-6; 1-10; Neh 1-13, Dan 1-3; 9,1). Rachel führt gemeinsam mit ihrem Bruder David einen Friseursalon, der zu einem Treffpunkt Düsseldorfer Christen geworden ist. Doch ihre Freizeit widmet sie der neu entstandenen Gemeinde, in der sie Pastor Richard vom Englischen in Farsi (Persisch) übersetzt.

„In unserer Zeit geschieht es in vermehrter Weise, dass Perser (Iraner) zum Christentum konvertieren, obwohl sie wissen, dass ihnen dafür die Todesstrafe droht", erzählt Rachel, die wie ihre ganze Familie einen biblischen Namen angenommen hat. „Auch hier in Deutschland und in unserem Umfeld in Nordrhein-Westfalen wirkt Gott in mächtiger Weise unter den Iranern", berichtet sie begeistert. „Viele von ihnen haben bereits Visionen oder Träume über Jesus gehabt. Die New Life Church öffnete ihre Türen für sie. So begann im Oktober 2007 eine kleine Gruppe von ehemaligen Moslems, sich hier zu einer iranischen Versammlung zu treffen.

Der Gottesdienst entstand dadurch, dass eine krebskranke Iranerin an einem Wochentag zu uns in die Gemeinde kam, gestützt von ihren beiden Schwestern. Sie hatte gehört, dass Jesus heilt und kam zu uns in der Hoffnung, dass er auch sie heilen wird. Der Tumor in ihrem Bauch war nicht mehr operabel.

Die Ärzte hatten schon die Chemotherapie beendet und Shohre, so heißt die Dame, hatte schon alle Haare durch die Chemotherapie verloren. Sie war abgemagert und hatte keine Kraft mehr, allein zu stehen oder zu laufen. Irgendwie war es so, als ob sie nur noch auf den Tod wartete, doch sie hoffte, dass Jesus ihr helfen würde. Wir haben für sie gebetet. Wir baten sie immer wieder zu kommen und haben unaufhörlich für sie gebetet – in der Gemeinde, aber auch privat. **Und Jesus heilte sie.**

Sie kommt immer noch jeden Sonntag in die Gemeinde. Sie bringt dann immer ihren Ehemann und die beiden Söhne mit. Die gesamte Familie glaubt mittlerweile an Jesus. Shohres Haare sind wieder nachgewachsen, sie ist eine gesunde, hübsche Frau geworden. Jesus hat sie komplett wiederhergestellt. Sie hat allen erzählt, was Jesus für sie getan hat, und immer mehr Iraner und Afghanen fingen an, in unser Gotteshaus zu kommen. Auch sie wollten Jesus begegnen und Wunder erleben. Und Gott ließ niemals auf sich warten.

Heute noch finden die meisten Heilungswunder im persischen Gottesdienst statt. Wir beten nur, aber Jesus vollbringt Wunder über Wunder. „Jeden Tag erleben wir Gottes Eingreifen: Kranke sind gesund und Gebundene frei geworden; viele einzelne Zeugnisse könnten an dieser Stelle mitgeteilt werden.

Die Iranische Gemeinde hat ein eigenes Lobpreis-Team, Fürbitter, Ordner und andere Helfer. Neben dem Gottesdienst gibt es ein reguläres Bibelstudium. Alle Familienangehörigen aus Rachels Großfamilie haben sich bekehrt. Ihre ältere Schwester Esther hat als erste zu Jesus gefunden.

In einem persönlichen Gespräch sagt uns Pastor Richard, dass fast alle ehemaligen Moslems hier Heilung erlebt haben. Oft war die Heilung das, was sie zuerst anzog und dann überzeugte. Es habe sich bereits unter ihresgleichen herumgesprochen, dass Moslems hierher in die New Life Church kommen dürfen und dass sie hier geheilt werden."

**Zunächst möchten alle Menschen körperlich geheilt werden. Die innere Heilung ist aber noch viel wichtiger. Innere Heilung bedeutet frei werden von Schuld, Hass und Bitterkeit.**

## Wollen wir auch frei sein?

In diesem Buch habe ich versucht zu erklären, was Vergebung ist, wie sie funktioniert und wie wichtig sie ist. Der Erfahrungsbericht ist ein Beispiel dazu.

So viele Menschen sitzen in einem Gefängnis der Unversöhnlichkeit. Jahraus, jahrein denken sie darüber nach, wie schlimm ihre Vergangenheit war und wie schmerzhaft. Sie gehen von einer Therapie zur anderen, und keine Besserung ist in Sicht. Das Geschehene wird zu einem Monster, das sämtlichen Spaß im Leben wegfrisst. Ich habe nichts gegen Therapien, einige Freunde von mir sind gute Therapeuten, die Menschen in Not echt helfen können.

Doch ab dem Moment, an dem Vergebung uns freimacht, sind wir nicht mehr blockiert, können wir die von Gott geschenkten Gaben und Talente nutzen und unsere Zukunft kraftvoll gestalten. Mit Gott sind alle Dinge möglich. Aus eigener Kraft können wir Vieles nicht schaffen. In Lukas 18, 27 lesen wir etwas Tröstliches:

> „Jesus aber sprach: Was bei den Menschen unmöglich ist, das ist bei Gott möglich."

Es ist buchstäblich notwendig, dass wir Gott erlauben, uns zu zeigen, wo Vergebung dran ist. Er will uns sagen: „Stecke dein Schwert weg. Hör auf, dir selbst und anderen weh zu tun. Hör auf mein Wort, ich will dein Leben verändern." Gottes Schwert, sein Wort, ist nicht gesandt um zu töten, sondern um die Wahrheit ans Licht zu bringen. Es wird benutzt, damit wir leben können.

In Psalm 107, 20 steht: „Er sandte sein Wort und machte sie gesund und errettete sie, dass sie nicht starben."

Lasst uns das Schwert Gottes, sein lebendiges Wort, nehmen und vergeben. Wir können dann sehen, wie es Mauern um uns herum niederreißen kann. Wir atmen die Luft der Freiheit und erfahren:

> **„Wenn euch also der Sohn Gottes frei macht, dann seid ihr wirklich frei."** (Joh. 8, 36)

Und:

> „Darum: **Gehört jemand zu Christus, dann ist er ein neuer Mensch. Was vorher war, ist vergangen, etwas Neues hat begonnen.** All dies verdanken wir Gott, der durch Christus mit uns Frieden geschlossen hat. Er hat uns beauftragt, diese Botschaft überall zu verkünden. Denn Gott ist durch Christus selbst in diese Welt gekommen und hat Frieden mit ihr geschlossen, indem er den Menschen ihre Sünden nicht länger anrechnet.
>
> Gott hat uns dazu bestimmt, diese Botschaft der Versöhnung in der ganzen Welt zu verbreiten. Als Botschafter Christi fordern wir euch deshalb im Namen Gottes auf: Lasst euch mit Gott versöhnen! Wir bitten euch darum im Auftrag Christi. Denn Gott hat Christus, der ohne jede Sünde war, mit all unserer Schuld beladen und verurteilt, damit wir freigesprochen sind und Menschen werden, die Gott gefallen." (2. Korinther 5, 17 - 21)

## Der Segen

Den Segen kann jeder für sich persönlich annehmen:

> „Der Herr segne dich und behüte dich; der Herr lasse sein Angesicht leuchten über dir und sei dir gnädig; der Herr hebe sein Angesicht über dich und gebe dir Frieden." (4. Mos. 6,24)

> „Und Gottes Friede, der all unser Verstehen übersteigt, wird eure Herzen und Gedanken im Glauben an Jesus Christus bewahren." (Philipper 4, 7)

Gott sagt: Du bist wunderbar und einzigartig. Er liebt dich und mich. Mit dieser Gewissheit dürfen wir täglich leben! Amen!

Es ist mir wichtig,
dass alle Leser in Freiheit und Frieden leben können.
Wer Hilfe braucht, kann sich gerne bei mir melden.

*Pastor Richard E. Aidoo*

**Kontaktdaten:**

New Life Church
Albertstraße 83, 40233 Düsseldorf
Email: richardaidoo@gmail.com
www.newlifechurch-duesseldorf.org

**Folgende Bücher
der Autorin sind erschienen**

**Neues entdecken – ein Leben lang**
*ISBN 978-3-935703-20-8; Asaph-Verlag 2004*

Ein Fachhochschuldozent schreibt in seiner Empfehlung über das Buch von Irmtraut und Martin Huneke: „Neues entdecken ein Leben lang – Einer braucht den anderen." In ganz offener Weise schreibt dieses Ehepaar im Klartext über den Lauf des gemeinsamen Lebens. Dabei offenbaren beide in jeweils ganz eigener Sichtweise das spannende Wechselspiel in einer nunmehr 40-jährigen Ehe. Es gehören ausgereiftes Selbstbewusstsein und viel Mut dazu, die innere Wirklichkeit der wechselvollen Ereignisse in einer Langzeitbeziehung so offenzulegen und andere daran teilhaben zu lassen.

Hunekes zeigen unmissverständlich auf, dass ihnen ihr Glaube in vielen Situationen die Kraft zum Überwinden von Schwierigkeiten gegeben hat. Es ist ein Buch, das jeder mit echtem Gewinn lesen kann. Durch die kurzen, knappen, präzisen Schilderungen des Paares wird es zum Schatz für jeden Leser.

### Familien-Zentren –
### Wo sich kleine und große Persönlichkeiten begegnen
*ISBN 978-3-00-022853-7; Herausgeber: Christliche Initiative Brennpunkt Erziehung eV 2007*

In unserer Welt, in der Beziehungslosigkeit und Unverbindlichkeit immer mehr zunimmt, ist es gut, über sich selbst und sein Umfeld neu nachzudenken. Was kann ich dazu beitragen, damit das Leben lebenswerter wird? Wir waren alle einmal Kinder. Sind wir mit unserer Lebensgeschichte versöhnt oder tragen wir noch jemandem etwas nach?

Haben wir selbst Kinder oder Enkelkinder? Das größte Geschenk für jedes Kind ist nachweislich eine gute Mutter-Vater-Beziehung. Ist nicht eine enge Bindung die Voraussetzung für eine gute Bildung und Beziehungsfähigkeit?

Viele Männer und Frauen sind verunsichert und fragen sich, wie ihre Ehe besser gelingen kann. Darum müssen Familien gestärkt werden.

**... als öffne sich eine Tür**
*ISBN 978-3-935703-64-2; Asaph-Verlag 2006*

Irmtraut Huneke ist Mitautorin. Dieses Buch erzählt von Menschen, die durch sich öffnende Türen gegangen sind. In einer breiten Vielfalt haben sie Erfahrungen mit Gott gemacht und sie in Worte gefasst. Es ist großartig, dass wir durch dieses Buch daran teilhaben dürfen. So viel Offenheit macht Mut!

Manche dieser Menschen durfte ich ein Stück begleiten und einige darf ich sogar meine Freunde nennen. Die Echtheit und Aufrichtigkeit ihrer Berichte beeindrucken mich. Ich bin Jesus sehr dankbar, dass er sich von uns erfahren lässt. Wir erleben seine Wunder – heute wie zu allen Zeiten. Er liebt uns durch und durch und führt uns alltäglich auf einem guten Weg. Dabei ist er ein Spezialist für das Öffnen von Türen, auch von Herzenstüren!

Aus dem Nachwort von Prof. Dr. Hans-Christian Reuss (Hochschullehrer und Vorsitzender des „Gesprächsforums Leben und Glauben")